読みなおす日本史

武士の掟

中世の都市と道

高橋慎一朗

吉川弘文館

JN050827

はじめに

日本の中世都市というものは、どうもイメージがわきにくい。それは、ヨーロッパの中世都市のように当時の町のかたちや建物群がそのまま残されている例が少ない、ということが大きな理由であろう。

中世とは、おおよそ鎌倉時代から戦国時代くらいまでをさしている。現代とはなんの関係もない、はるか昔の時代と思われるかもしれないが、実は中世の都市と現代の都市は似ているところがある。古代には京都や奈良など、政治の中心となる少数の大都市しか存在しなかったのに対して、中世になると各地に多数の中小都市が出現した。それは、政治都市のほか、港や宿《しゅく》などにできた交通・商業都市、寺社を中心としてできた宗教都市などであった。全国的に都市化が進み、都市の数が飛躍的に増加した現代と、状況はよく似ている。

中世の中小都市のなかには、近世（江戸時代）には消滅してしまったり、吸収されてしまったりしたものもあるが、近世を通じて城下町として存続し、現代までつながっている都市も多い。逆にいえば、現代日本の都市の多くが中世の都市に出発点を求めることができるのだ。

中世の都市は、平城京・平安京などの古代の都や、江戸時代の城下町とはちがって、あまり整備が行き届いていない中小の都市がほとんどであった。また、ヨーロッパや中国とはちがって、都市の領域をとりまく壁を持たず、複数の中心がゆるやかにまとまって、一つの都市を形成していた。道が数本あって、武士などの支配者の館と町屋と寺社が、なんとなく集まっているような、「ゆるーい」都市。都市のような、村落のような、「なんちゃって」都市。そんな都市が、中世都市のほとんどだったのである。

現代日本の都市も、駅前商店街などの、かつての中心街が空洞化するいっぽうで、郊外に複数の中心ができて、ゆるやかなまとまりを持ちながら「都市」的な生活を実現している。

私は、現代都市といくつもの共通点を持つ中世の都市に興味を持ち、研究を続けてきた。

しかし、中小規模の中世都市は、みた目にはあまり絵心をそそられるものではなかったのか、京都をのぞけば中世の都市を描いた絵画史料はほとんど存在しない。『洛中洛外図屏風《らくちゅうらくがいずびょうぶ》』のような都市の生活を生き生きと描いた史料が、鎌倉についても残っていたらなあ、と何度思ったことだろう。

このようなわけで、中小都市がメインであった中世の都市は、イメージをなかなかとらえにくいことになっている。それでも、なんとか都市の実態をとらえようとするなかで、都市の法、都市の掟《おきて》に着目してみたのであるが、これが意外におもしろい！「法」とか「掟」とかいうと、冷たく非人間的な印象を持つが、実際にその掟をつくった生身の人間がいるのであり、ましてや中世の法は、制定者の思惑が透けてみえて人間的ですらある。「辻で相撲をとるな」とか、「酒壺は一家に一つだけ」とか、なんだそりゃ、と思わせるような法令が登場する。

さて、「都市の掟」を出した中世都市の支配者とはだれだったのか。

中世は、武士が都市に関与するようになった時代でもあった。もともと職業的な戦士であった武士は、平安時代末期ごろから、武力を背景に各地で地域の支配者として台頭し、やがて都市を形成するようになる。都市が存続するためには、絶えず人を呼び集める「求心力」と、人の集中が長期間続く「持続力」が必要である。地域の支配者として権力の一部をになうようになった武士は、都市の求心力と持続力の源となった。中世に多数の中小都市が誕生したのは、武士が各地で社会的に台頭したからであった。

したがって、中世都市の支配者が出した「都市の掟」とは、「武士がつくった都市の掟」ということになる。

ここで注意しなければならないことは、「都市の掟」で定められたことが、必ずしも当時の都市の実態ではない、ということである。現代とはちがって、中世の社会での法律の強制力ははるかに低く、法令の内容がただちに徹底されたとは考えられないからである。むしろ、法令で禁止されたことが、実際には日常的に起こっていたとみるほうが自然なのである。

つまり、「武士がつくった都市の掟」とは、「中世の権力（武士）が、自分の支配する都市をどんなふうにしたかったか」を示すものなのである。「都市の掟」を分析すると、武士が都市において目指したことがみえてくるのだが、なかには「なんでこんなことにこだわるのだろう？」と不思議に思えることも多い。もっとも気になるのは、都市の道路に関する法令がやたらと多いということである。武士がなぜ都市の道路にこだわったのか――最終的にはその謎解きを目指したい。

では、これから、中世の「都市の掟」をじっくりとみていくことにしよう。

目　次

第一章　〝武士の都市〟鎌倉の掟

鎌倉幕府の法

『御成敗式目』と『追加法』

鎌倉《かまくら》時代の都市鎌倉は、いうまでもなく幕府のお膝元《ひざもと》であった。したがって、鎌倉は鎌倉幕府によって直接支配されており、町の管理や整備に関する法令は、幕府の法令として出されていた。

鎌倉幕府が出した法令は、貞永元年（一二三二）に制定され幕府の基本法とされた『御成敗式目《ごせいばいしきもく》』五十一ヵ条と、鎌倉時代を通じて必要に応じて出された『追加法』と呼ばれるそのほかの法令とに分けられる。

都市鎌倉に関する法令は、ほとんどが『追加法』である。『追加法』のうち、鎌倉時代の終わりごろから編纂《へんさん》されはじめた『追加集』と呼ばれるいくつかの法令集に載せられたものや、偶然に残った古文書のなかに引用されたものについては、オリジナルの条文そのものが残されている。それらの法令は、昭和三十年（一九五五）に発行された佐藤進一・池内義資編『中世法制史料集　第一巻　鎌倉幕府法』という画期的な活字の史料集によって、制定された年の順に原文が掲載されている。以下の文章では、幕府の法令に関しては、とくに断らないかぎり、この史料集に載っている『追加法』をもとにしている。

ただし、『追加法』のなかには、条文そのものは残されていないものの、鎌倉幕府の公的な記録である『吾妻鏡《あずまかがみ》』によって、「こういう内容の法令が出された」という事実だけがわかっているものがある。このような『追加法』は、『中世法制史料集』には収録されていないが、さいわいに笠松宏至『中世人との対話』のなかの「『吾妻鏡』〝地の文のみ〟の幕府法」という論文によって列挙されている。そこで、右の論文に載る『追加法』についてもとりあげていくことにして、その場合は文末に（『吾妻鏡』）と記すことにする。

ちなみに、『追加集』と呼ばれる幕府の法令集は、いくつもの種類があり、いずれもすべての『追加法』を網羅しているわけではない。また、『吾妻鏡』の文章のみから存在が知られて、条文そのものが伝わっていない『追加法』もあることからもわかるように、幕府法のすべてを完全に網羅した法令集などは、当事者の幕府ですら所有していなかったと考えられている。

『追加法』の特色の一つに、法令を知る人間がごく一部にかぎられていた、ということがある。『追加法』は、原則として幕府首脳の会議である「評定《ひょうじょう》」で制定され、必要があれば六波羅探題《ろくはらたんだい》・鎮西《ちんぜい》探題・守護《しゅご》などの地方の機関、もしくは引付《ひきつけ》・政所《まんどころ》・侍所《さむらいどころ》などの幕府内の役所に伝達された。一部はさらに関連する御家人《ごけにん》にまで伝達されるが、多くは個々の御家人に伝達されることはなく、まして一般の人々に広く内容が知らされるようなことはなかった。

都市鎌倉の掟《おきて》も、評定で決まったあとは関連の役所に伝達され、それにしたがって担当の役人が取り締まりなどにあたったのである。つまり、江戸時代を舞台とする時代劇のように、町のあちこちに高札《こうさつ》などのかたちで法令が掲示されて、人々がそれを取り囲んだりするような光景は、中世の鎌倉ではありえなかった。

『追加法』のもう一つの特色は、同じ内容の法令が、繰り返し出されるということである。これは、『追加法』にかぎらず、中世の法令一般にいえることであり、いったん制定した法が未来永久に有効であるとは考えられていなかったからであろう。幕府の当事者がそもそも幕府法全体を矛盾のない一つの体系としてまとめようとは思ってはおらず、その時々の必要に応じて、何度でも立法を行ったのである。

こうしてみると、幕府が鎌倉について出した「都市の掟」が徹底して実行されて、住民たちを完全にしたがわせることができたとは、どうも思えなくなってくる。それでも、幕府が都市鎌倉に対して求めることや、幕府が問題視する当時の鎌倉の実態などは、法令から間違いなく知ることができるだろう。

あいまいな行政区分

中世にかぎらず日本の都市は、ヨーロッパや中国・朝鮮半島とはちがって、都市のまわりを囲む「壁」がなく、むしろ都市内部の個別の邸宅・寺院・神社などが塀《へい》で囲まれていることが普通であった。だから、どこからどこまでが都市なのかを示す、はっきりとした境界線が存在しなかった。しかし、行政上で周囲から区別されるべき「都市の領域」という観念は存在しており、鎌倉の場合は、「鎌倉中《ちゅう》」ということばで当時はいいあらわされていた。その範囲は、東・西・北の三方の山と、南に広がる海によって取り囲まれた範囲を漠然とさしていたのである。

三方の山を越えて鎌倉に入るところには、「切通し《きりどお》」と呼ばれる坂道が切り開かれていた。東の名《な》越《ごえ》切通し・朝比奈《あさひな》切通し、北の小袋坂《こぶくろざか》切通し・亀谷坂《かめがやつざか》切通し・化粧坂《けわいざか》切通し、西の大仏《だいぶつ》切通し・極《ごく》楽寺《らくじ》切通しなどである。おおよそ、これらの切通しと、南の浜のあたりが「鎌倉中」と外側との境界になるのであるが、それは特定のラインできっちりと外側と分かれるようなものではなかった。幕府の法令によれば、「化粧坂の山上」は「鎌倉中」にふくまれており、山や浜はぎりぎり「鎌倉中」のなかに入っていたのである。いっぽうで、「四境祭《しきょうさい》」という都市の境界で行われる災いを追いはらうための陰陽道《おんみょうどう》の祭りは、嘉禎元年（一二三五）には「六浦《むつうら》・小坪《こつぼ》・片瀬川《かたせがわ》・小袋坂」で行われている。いずれも、山もしくは山の外側の地域であり、山頂から山の外側にかけてが、「鎌倉中」の境界の領域だったことがわかる。

実務担当、「保」の奉行人

この「鎌倉中」のなかは、さらに「保《ほ》」という行政区域によって分けられていた。鎌倉の保の制度は、保元の乱（保元元年＝一一五六）のあとにおかれた京都の保の制度をまねたものである。鎌倉に導入された正確な時期はわかっていないが、文暦二年（一二三五）には幕府の法令に「保」が登場しており、延応二年（一二四〇）からは、頻繁に保に関する法令が出されていることから、北条泰時《ほうじょうやすとき》が幕府の執権《しっけん》となってから導入されたものと考えられる。泰時は若いころ、承久三年（一二二一）の承久の乱に際して京都に進駐したことがあり、保の制度に触れていたのである。

また、鎌倉の各保には、保の治安維持や整備などを担当する「保の奉行人《ぶぎょうにん》」がおかれた。保の奉行人は、保内の住民から選ばれるのではなく、保の支配を受け持つ幕府の役人で、法律や行政の実務に詳《くわ》しい有能な官僚から任命された。鎌倉に関する幕府の『追加法』も、評定で制定されたあと、保の奉行人に伝達されたのである。

鎌倉の保のモデルとなった京都の「保」とは、東西の大路《おおじ》と大路ではさまれた地域を一つの行政区域としたもので、たとえば九条《くじょう》大路と八条《はちじょう》大路にはさまれた横長の区画が一つの「保」となる。それぞれの保には担当の検非違使《けびいし》がおかれ、「保の検非違使」もしくは「保の官人《かんじん》」と呼ばれた。

このように都市の内部を「保」という区画で区切り、それぞれに担当の役人をおく制度は、のちに鎌倉だけでなく各地の中世都市にも導入されるようになった。京都の「保の検非違使」にあたるのが、

高橋慎一朗編『史跡で読む日本の歴史 6　鎌倉の世界』（吉川弘文館，2010）掲載図をもとに作成.

鎌倉の「保の奉行人」ということになる。

ただし、鎌倉では、京都のような直角に交差するマス目のような縦横の道路が存在したわけではないので、整然と区画された保ではなく、いろいろなかたちの保になったと思われる。残念ながら、鎌倉がいくつの保に分かれていたか、具体的にどのように区切られていたか、それぞれの保にどんな名前がつけられていたかなどは、まったく不明であって、鎌倉の保の実態はよくわかっていない。

しつこく出された道の掟

編笠をかぶって通行してはいけない

編笠《あみがさ》をかぶって鎌倉のなかを通行することを禁止するようにと、前に命じたところである。ところが、保の奉行人どもの怠慢《たいまん》により禁止が徹底していない。これよりのちは、厳重に禁止する。

これは、弘長元年（一二六一）二月二十日に出された『関東新制条々』という六十一条におよぶまとまった『追加法』のなかの、一つの条文である。

「編笠」というのは、草や木の皮で編んだ大きめの帽子のようなもので、日よけや雨よけのために頭にかぶった。現在ならば、「市内では帽子をかぶってはいけない」というようなものであり、ファッションにまで口を出すとはなんとうるさいことか、と思われるかもしれない。

しかし、幕府が編笠を問題にしたのは、単にみた目のことではなく、編笠が顔を隠すために使われたからである。編笠にもいろいろなタイプがあり、なかには顔全体がすっぽり隠れてしまう「目だし帽」のようなものもあるが、すべてに共通していえるのは、帽子と同じで顔の一部が隠れるようになる。編笠をかぶると、一種の覆面《ふくめん》の役目を果たし、だれだか、見分けがつかなくなるのである。だいぶ時代は下るが、江戸時代には江戸の吉原《よしわら》の門前などに「編笠茶屋」というものがあり、おしのびで遊女と遊ぶ客に、顔を隠すための編笠を貸す商売が存在したほどである。

そもそも都市は、不特定の人々が短期間に大量に出入りする場所であり、逃亡者や犯罪者などもまぎれ込みやすい。現代でも、大都市であればあるほど周囲の人間に注意をはらわないし、人間関係も希薄になる。「都会の孤独」などといわれる反面、群集にまぎれて行動すれば目立たず、細かいことを詮索《せんさく》されずに日々をすごすことができる。

話は鎌倉時代にもどって、寛元四年（一二四六）十二月には、丹後《たんご》から紀伊重経《きいしげつね》という御家人の年貢を鎌倉へ運んできた人夫が、年貢を持ち逃げして、その後鎌倉の米町《こめまち》というところで御家人の家来に発見されて、将軍の御所に逃げ込むという事件が起きている（『吾妻鏡』）。

年貢を持ち逃げした人夫は、おそらく米町で年貢を金に換え、それを当面の資金として鎌倉で生活していこうとしたのであろう。各地からさまざまな人が集まる都市という場所は、身を隠すのにも格好の場所であったのだ。

そのようなわけで、都市鎌倉においては、犯罪者や素行に問題のある人物が入ってきて治安が悪化する可能性が高く、幕府としては不審人物を監視する必要があった。したがって、編笠をかぶって正体をわからなくしているような人物が鎌倉のなかをウロウロするのは、幕府にとって気に入らないことであったのである。

編笠禁止の二十年ほど前、延応二年（一二四〇）には、「**鎌倉の保の奉行人は、旅人に対して警戒を怠《おこた》らぬように**」という法令が出されている。これも鎌倉へ不審人物が入ってこないように、幕府が監視を厳しくしようとしたものであろう。

宝治元年（一二四七）には、保ごとに、定職のない「浪人」をリストアップし、鎌倉の外へ追放するようにとの法令が出されている（『吾妻鏡』）。さらに建長二年（一二五〇）にも、鎌倉のなかにいる「あてもなくウロウロしている者」のリストを保の奉行人に命じて作成させ、その者を地方の村へ追放して農作業に従事させている（『吾妻鏡』）。これといった目的や必要もなく鎌倉にとどまっている者が、幕府にはよほど目障《めざわ》りであったのだろう。逆にいえば、地方で生活に困窮した者も、鎌倉へ来れば、都市の活発な経済活動や労働力需要のおかげで、なんとか生活していくことができたのである。

だいたい支配者というものは、自分のお膝元の都市に、素性《すじょう》のわからない人間がいることをきらうものである。まだ鎌倉幕府が成立する以前、保元の乱直後の保元二年（一一五七）十月には、朝廷から「**京都にやってきて寄宿している者を、保の検非違使が調査せよ**」という法令が出されている。

僧兵スタイルも禁止

ところで、編笠禁止の法令は、『関東新制条々』というまとまった法令のなかの一つであったが、その一つ前の条文には「**僧侶が頭をつつんで鎌倉のなかを通行することを、保の奉行人に命じて禁止させるように**」というものがある。並び方からみても、編笠禁止とセットの条文であることは明らかである。法令の趣旨も編笠の場合と同様で、顔を隠して正体をわからなくするのを防ぐためである。僧侶の場合は、編笠ではなく、袈裟《けさ》などで頭をすっぽりとつつんで目だけを出すような覆面をするので、一般人とはべつの法令になっているだけのことである。

中世の僧侶は、自分たちの要求を朝廷や支配者に訴えるために、「強訴《ごうそ》」と呼ばれるデモを行った。その際、覆面をして長刀《なぎなた》などを持って武装した。合戦に参加するときも同じで、いわゆる「僧兵」のスタイルである。デモの前に行われる集会の際には、僧侶はやはりみな覆面をして鼻をおさえてだれだかわからないようにして発言をしたという。僧侶の覆面も、正体を隠すためにされることが多かったのである。

実は、僧侶の覆面禁止令は、すでに文暦二年（一二三五）に出されている。一つあとの編笠禁止の条文を細かくみると、「同じく」前に命じた、ということばがあり、この「同じく」は前の覆面禁止をさすことになる。したがって、編笠禁止も、覆面禁止と同じく文暦二年に一度出されていたものと考えられる。しかし、「担当の保の奉行人の怠慢で、禁止は徹底されなかった」と、法令そのもののなかに書かれているくらいであるから、この間はほぼ野放しであったのであろう。

またこのあとも、実際には編笠をかぶる人や袈裟で頭をつつんだ僧侶は、鎌倉のなかにかなり多くいたと思われ、担当の奉行人もいちいち取り締まってはいられず、ついつい面倒になり、禁止は徹底されなかったのではないかと想像される。

辻で相撲をとってはいけない

延応二年（一二四〇）二月、保の奉行人が取り締まるべきことがら八ヵ条が、幕府から出された。さきにふれた「旅人」の警戒もそのなかの一つであった。

この法令のなかで注目されるのは、「**辻々の盲法師《めくらほうし》と辻相撲《つじずもう》を禁止する**」、という条文である。辻での琵琶法師《びわほうし》による『平家物語《へいけものがたり》』の語りなどの芸能活動と、辻での相撲大会を禁止する、という内容である。

そもそも「辻」というのは、道と道が交差する十字路、または道の分岐点となる場所のことをさしている。のちに意味がひろがって、路上のこと一般もさすようになるが、もとは交差点のことである。

古代から「辻」はあの世とこの世の接点とされており、神や霊の集まるところと考えられていた。

加えて、都市のなかの辻は交通の要所であり、人が多く集まる場所であった。さらには、だれかの所有地でもなく、比較的広い場所が確保できる広場のようなところでもあることから、中世には芸能が行われる場所としてしばしば利用されるようになった。

辻で突発的に発生した相撲大会も、そうした芸能の一つとみなすことができる。中世には、公権力がうしろだてとなって行われる相撲興行も登場し、職業的なプロの相撲とりが生まれつつあるいっぽうで、素人《しろうと》どうしが辻や野原で勝手にとる相撲も盛んであった。辻での相撲は、飛び入り自由の素人相撲であり、多くの人々が集まる興奮のなかから喧嘩《けんか》などの騒動につながることから、治安を乱すものとして幕府から禁止されたのである。

辻での琵琶法師の活動が禁止されたのも、相撲と同じく辻に人々が集まって、一種の興奮状態が起こるとともに道路の通行を阻害するからであろう。相撲禁止をふくむ八ヵ条の法令のなかには、ほかにも「辻々売買」、つまり辻で行商人が商売を行うことを禁止する条文もある。商売が行われれば人が集まることはいうまでもなく、取引をめぐって喧嘩が起こる可能性もある。とにかく幕府は、鎌倉の辻に人が群集してごちゃごちゃと滞留することが気に入らないのである。

辻が商売に適した場所であることは、あとでふれることになるが、鎌倉で例外的に商店の営業が許された場所として、「亀谷辻《かめがやつのつじ》」「大倉辻《おおくらのつじ》」などの地名がみえることからも明らかである。

また、辻は神や霊が降りる特殊な場所とされたことに関係があると思われるが、辻では公然と女性をさらうことが許されるという慣習があった。この慣習は、「辻捕《つじと》り」と呼ばれた。

しかし、幕府からみれば立派な犯罪であり、八ヵ条の法令のなかで同じく禁止されている。しかも、幕府の基本法である『御成敗式目』のなかにも、「辻捕り女」のことを禁止するという条文がわざわざ入れられている。「辻捕りをした御家人は一〇〇日間の出勤停止、御家人の家来ならば頼朝《よりとも》公のときの例にしたがって頭髪を片方だけ剃り取る。僧侶は場合に応じて対処する」という内容である。ずいぶんと具体的な罰則が盛り込まれているのは、よほど辻捕りが頻繁だったからであろう。

自警団結成

なにかと事件が起こりやすい鎌倉内の辻を警備するために、幕府は辻相撲禁止と同じ仁治元年（一二四〇）の十一月、辻ごとに夜間は篝火《かがりび》をたくようにすることを決めた。辻の近くの「保」に住んでいる一般住民に、順番を決めて交替で篝火をたくという仕事をさせるように、保の奉行人に命令が出されたのである（『吾妻鏡』）。

これと似た制度は、すこし前に京都で幕府が始めていた。嘉禎四年（一二三八）六月、幕府は京都の辻々に「篝屋《かがりや》」という詰所《つめしょ》を設置し、武士を常駐させて、夜は篝火をたいて警備にあたらせることにした（『吾妻鏡』）。この制度が鎌倉にも導入されたのであるが、京都とはちがって、武士が直接警備するのではなく、一般の住人に交替で警備させたのであった。

似たような法令は、寛元三年（一二四五）四月にも出されていて、こちらでは「夜行《やこう》」すなわち夜間の巡回警備をそれぞれ担当地区の住民たちにさせるようにと、保の奉行人に命じている。同じ年の六月には、より具体的な法令が出され、「**鎌倉中の民家では、それぞれ松明《たいまつ》を用意し、もし夜討ちや殺人事件が起きたら、声にしたがって各人が松明を燃やして走り出るように**」とされている（『吾妻鏡』)。これらの法令でも、武士ではなく住民に夜間の警備が義務づけられているのである。

京都では武士が夜間の警備を務めたのにもかかわらず、「武士の都」鎌倉では、はるかに多くの武士がいたはずなのに、なぜ一般の住民が犯罪や夜討ちにまで対応させられたのだろうか。

理由の一つとしては、鎌倉は幕府が支配する都市であり、住民への指令はある程度徹底されたのに対して、京都では住民の多くは朝廷や公家《くげ》・寺社に支配されていて、武士にしたがわせるのは難しく、武士が直接警備にあたるほかはなかったからであろう。

もう一つの理由としては、幕府に仕える東国の武士は鎌倉に宿舎を持ってはいたが、地元の屋敷にいることが多く、鎌倉に常駐していたのではないことがあげられる。武士が留守のあいだ、鎌倉の宿舎の敷地内には家来が住んだり、一般住民に貸して住まわせたりしていたのである。とりわけ、道に面した部分は、庶民に貸し出されることが多かった。

また、武士がたまに鎌倉に出てきていたとしても、将軍の御所の夜警に行かねばならなかったりするので、自分の宿舎の警備を家来たちに命じるくらいが精一杯で、町内の警備までは手がまわらなかったのである。したがって、いるかいないかわからない武士をあてにするのではなく、常時鎌倉に住んでいる一般住民に警備をさせたほうがよほど効率的だ、ということになる。

いっぽう、北条氏をはじめとする鎌倉に常駐する武士たちは、幕府の政治運営の中心となるような高級官僚であった。そうなると、こちらはこちらで公務多忙。将軍御所や執権の屋敷、役所と自宅のあいだを行ったり来たりで、自宅周辺の町内の夜間警備まではとても手がまわらなかったであろう。

では、鎌倉の一般住民は、せっせと夜回りを務めたのであろうか。どうも、そうとは思われない。

さきにも触れたが、弘長元年（一二六一）に出された『関東新制条々』という六十一条の法令がある。そのなかには、「**鎌倉中のそれぞれの保で夜行を務めさせるように**」という条文がある。この条文では、「**夜行は悪を防ぐ要《かなめ》である。盗賊や放火犯もこれを恐れているはずである。よって、各保の奉行人に命じて、きちんと務めさせるように**」と、まるで幼児にいい聞かせるように、くどくどと説明している。住民やそれを監督すべき奉行人のなかにも、「面倒くさいなあ」とサボる者がいたからではなかろうか。建長六年（一二五四）に出された法令でも、「**鎌倉中の各保において奉行が行うべきことは、とくにきちんとするように**」とされており、保の奉行人は、怠《なま》けていたのかどうかはともかく、職務を完全に遂行《すいこう》することはなかなか難しかったようである。

逆に、夜回りのときに張り切りすぎてしまう、困った住民もいた。建長二年（一二五〇）の法令では、「**夜行のときに庶民が弓矢を持ち歩くことを禁止すること**」が保の奉行人らに命じられている。武士と庶民の身分差を明確にするために、庶民が武士と見間違えるような格好をすることを禁止するのが目的であるが、盗賊や放火犯を恐れさせるのには武装も必要なのでは、とあげ足をとりたくなるような法令である。

いずれにせよ、幕府は都市の辻を重視し、「辻の平和」を実現しようと、辻相撲の禁止や辻の警備などのさまざまな法令を出し続けたのであった。

道路を狭くしてはいけない

鎌倉幕府は、鎌倉のなかの道の広さを確保することに、異様な情熱を燃やしていた。まず、辻での相撲などを禁じた例の延応二年（一二四〇）の八ヵ条のなかに、「**小路を狭くすることを禁止する**」という条文がある。続いて、寛元三年（一二四五）には、「**家の『のき』を道に差し出すこと、町屋**《まちや》**をつくって道を徐々に狭くすること、小さい家を溝の上をまたいでつくることを禁止する。法令を知らせたあと七日たってもまだそのままであったら、その家を破壊して撤去する**」という法令が出されている。さらに、建長四年（一二五二）にも、「小路を狭くすること」が禁止されている（『吾妻鏡』）。

道沿いに建っている個人の家（「町屋」とか「小さい家」とかいわれているからおそらくは庶民の家）が、だんだん公道である大路・小路にせり出してきて、道が狭くなってしまう状況があったのだ。狭い鎌倉の町で、急激に人口が増加するにつれて、便利のよい道沿いに小規模な家を無理矢理建ててしまうようなことが起きていたらしい。このようにたびたび法令が出されているのは、「破壊して撤去するぞ」と脅《おど》かしてみても、なかなか道路を狭くする行為がなくならなかったからにちがいない。

右の法令のなかで、「のき」を道に差し出すことが禁止されているが、これは屋根の端を伸ばして道側に大きく張りださせることをいっている。家の屋根と道路とは直接関係ないように思えるが、ところがどっこい、おおいに関係あるのである。屋根の部分が張りだして通行に邪魔だとか、道が暗くなる、ということでもあるが、実はもっと大きな問題をふくんでいたのであった。

屋根が張りだすと、ちょっとしたアーケードのようなもので、その下の部分は道路の一部でありながら店先として利用することができるようになる。屋根の下の部分が家や店の一部に取り込まれていく、ということを意味するのである。

屋根が道路側に張りだすと、やがてその軒下を、家の土間として囲いこんだり、「ひさし」と呼ばれる縁側のようなものを母屋に付け足したりして、公道の一部を占有してしまうことにつながるのであった。「のき」を差し出すことを禁止するのも、道に家が進出してくるのを防ぐ、重要な対策であったのだ。

このように道にせり出してきた民家の様子は、鎌倉時代につくられた『一遍聖絵《いっぺんひじりえ》』という絵巻物の、鎌倉の小袋坂《こぶくろざか》近くの風景のなかにも、描かれている。道路沿いの民家が、それぞれ少しずつ勝手な幅で道路側にせり出しているため、道路の端の線は本来は直線であるべきなのだが、でこぼこになっているようにみえる。

ただ、この絵巻物を描いた画家は、鎌倉の町を実際にはみていなかったと思われるので、京都などのほかの中世都市の道路沿いの景色をモデルにしたのであろう。それにしても、実態としては同じような風景が鎌倉でもみられたのである。

溝の上の家

さて、さきにみた法令のなかには、「**溝の上に家をつくることを禁止する**」というものもあったが、これも少々わかりにくい。鎌倉の主要な道路には、左右の端に側溝が設けられていて、排水や境界線の役目を果たしていた。たとえば、鎌倉の中心部を海岸近くから鶴岡八幡宮《つるがおかはちまんぐう》まで通る「若宮大路《わかみやおおじ》」という直線道路は、道本体の幅が三〇メートルで、左右にそれぞれ幅三メートルほどの側溝がついていた。もちろん現代とはちがって、原則として溝の上に蓋《ふた》はされておらず、むき出しのかたちであった。そのほかの大路や、小路のなかの一部については、幅の差はあっても道の両端に側溝があったと思われる。

溝というものは、頻繁《ひんぱん》に掃除《そうじ》をして手入れをしておかないと、水が流れなくなってしまって衛生上よろしくないことになる。よって、溝の上をまたいで家をつくってしまうと、溝の手入れがしにくくなってしまう。そのうえに、側溝を越えて家が張りだし、道路が狭くなってしまうのであった。道沿いの家が道路を浸食する、一つのパターンである。

この法令が、「のき」を道路に差し出すな、町屋をつくって道を狭くするな、という法令と同時に出されていることから、幕府としては衛生面よりむしろ道幅の確保のほうが気になっていたようである。

ところで、溝の上に材木を渡してその上に居住空間をつくるような家が、実際に建設可能だったの

江戸時代の京都を描いた『上杉本　洛中洛外図屏風』（米沢市上杉博物館所蔵）.
「小川」という川をまたぐように家が建てられている.

であろうか。時代はずっと新しくなって、戦国時代の京都を描いた『上杉本　洛中洛外図屏風《らくちゅうらくがいずびょうぶ》』には、「小川《こかわ》」という名前の町なかを流れる川の上をまたいでつくられた「水上町屋」のようなものがみられる。おそらく、これと同じような家が、鎌倉時代の鎌倉の溝の上にもあったのではなかろうか。ただ、残念ながら発掘の事例からは、そのような建物があったことを確かめることはできていない。

道幅確保は、世界共通の悩み

道路を狭くすることに関連して、もう一つよくわからない法令がある。文永二年（一二六五）に出された、「**家の前の大路を掘り上げて、家屋をつくることを禁止する**」というものである。「大路を掘り上げて家をつくる」というのは、いったいどういうことなのであろうか。

道路を掘って穴をあけて家をつくる、ということから、鎌倉で非常に多く発掘されている半地下式の「竪穴建物《たてあなたてもの》」というものがこれにあたる、という説がある。しかし、近年の研究の成果から、竪穴建物は穴蔵《あなぐら》のような施設で、貯蔵や収納に使われたことがわかってきている。そうなると、家屋というのとはちょっとちがうようである。また、素直に考えると、大路の場合はたいてい、家の前つまり道路の端には側溝があったと思われるので、そこに半地下式の建物をつくったりすれば水浸《みずびた》しになってしまう。

いっぽう、「掘立柱建物《ほったてばしらたてもの》」とよばれる当時の一般的な住宅の柱穴を掘ることではないか、という説がある。また、発掘で道路面に穴を掘ったあとがみつかることから、道路の舗装部分の硬い土を掘り

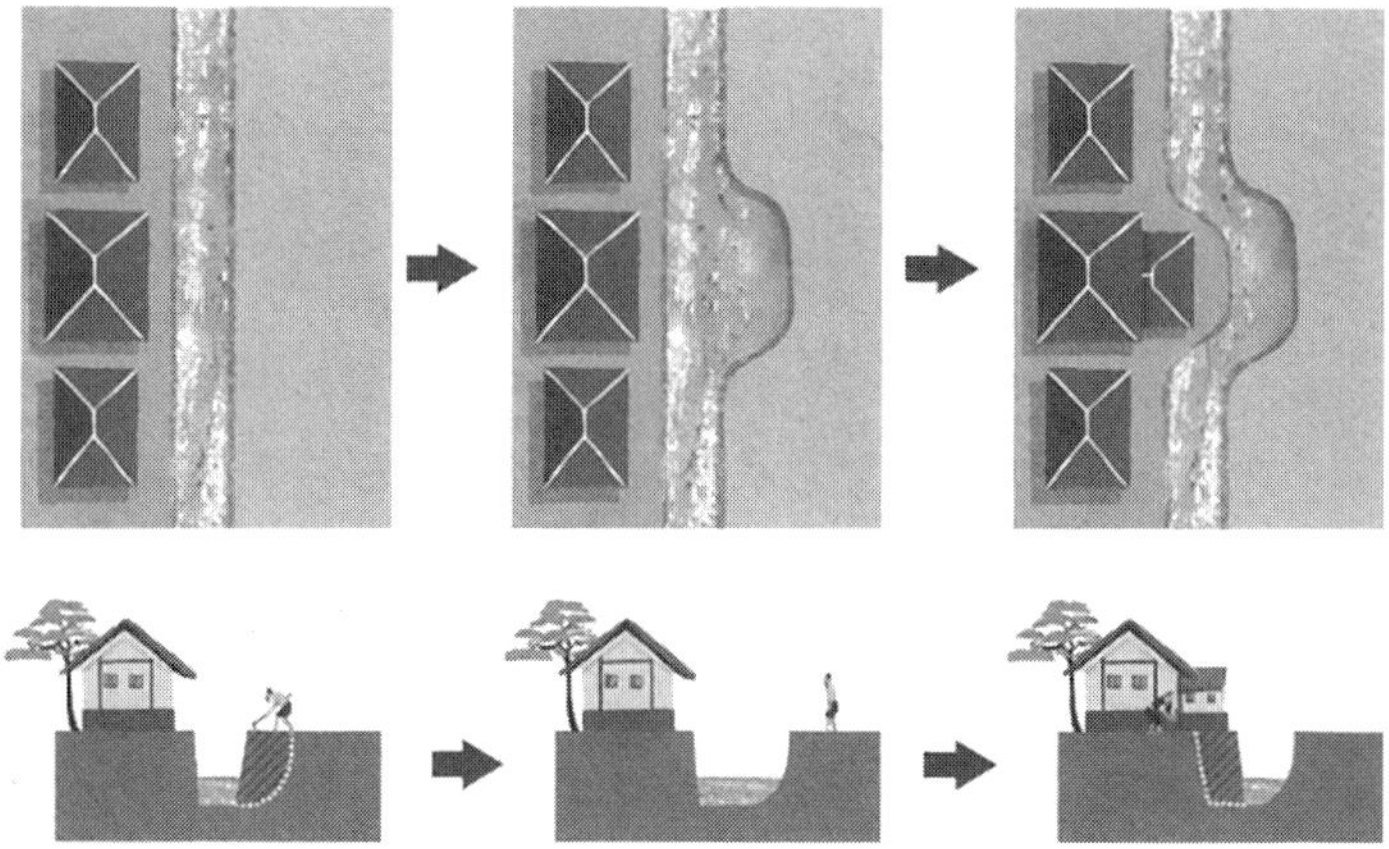

取って、家の地固めに利用したのでは、という説もある。しかし、どちらにしても「大路を掘り上げて家をつくる」というほど大袈裟なことにはならないような気がする。また、前者の場合は、側溝をまたいで家をつくることになるから、まえに触れたように「溝の上の小さな家」を禁止すればすむことになる。

そこで注目されるのは、発掘調査の成果によると、道路側溝は時代が下がるにつれてだんだん狭くなり、しかも道路の中心側へせり出していく、ということである。このような現象が起きたのは、だれかが道路の側溝との境部分を掘り崩して、溝の流れを道路中心寄りに変え、掘り崩した土を使って側溝の外側の端を埋め立て、道路沿いの敷地を張りださせてしまったからである。その「だれか」とは、間違いなく道路沿いの敷地に住む人であり、大路を「掘り上げる」ことによって自分の敷地を広げて家を道路側にせり出させ、大路を狭くしてしまったのである。このような、側溝をずらして家をつくり大路を狭くする行為を、右の法令は禁止したものであろう。

実は、家がせり出して道路が狭くなるのは、鎌倉だけではなく、遠くヨーロッパの中世都市でもみられた現象であった。ただ、ヨーロッパの庶民の住宅は、一般に木造の三階建てから五階建てで、街路に面して横に連続する長屋式の建物であった。そのため、建物全体が道路に張り出すのではなく、上の階にいくにしたがって部屋が道路側に張り出す構造になったり、出窓が突き出たりすることが多かった。この場合では、厳密には道路そのものの幅は狭くはならないが、張り出し部分のせいで、太陽の光や風が通りにくくなるし、道路空間としてはやはり狭くなって、品物の運搬などの妨《さまた》げになることもあった。

こうしたことから、フランスのストラスブールやドイツのニュルンベルク、フランクフルトなどの都市では、こうした張り出しを禁止したり幅を規制したりする都市条例が出された。もっとも、この条例はなかなか守られず、市当局に金を払えばそのままですむこともあった。

加えて、中世ヨーロッパの都市では、右にみた上層階の張り出しのケースだけではなく、鎌倉と同様に道路沿いの民家の敷地が公道に進出してくる現象もみられた。これに対処するため、都市の測量士が活躍したという。フランスのアルルという都市で活躍したある測量士は、測量術の入門書のなかで、都市内の道はすべて荷車二台がすれ違うことのできる幅を確保すべきだ、と主張している。わざわざ具体的な幅を提案していることからみて、実際には、そのような幅を確保するのは難しかったのだろう。

都市内の道路の道幅を確保することは、日本とヨーロッパを通じて中世都市の支配者にとっての共通の課題であったのである。

町屋は決まった場所に

これまでの文章のなかで、何度か「町屋」ということばが出てきたことを、読者のみなさんはおぼえておられるだろうか。「町屋」は、鎌倉時代当時のことばで、都市鎌倉の法令のなかに登場していた。

では、そもそも「町屋」とはどのような建物をさすのであろうか。「最近京都などで、〈町家レストラン〉とか〈町家ダイニング〉とかいうお店によく使われているアレのことね」と思われるかもしれない。しかし、「アレ」は、江戸時代の京都の町屋の形式にならって、明治から昭和初期に建てられた町屋を現代の店に転用したもので、中世鎌倉の町屋と直接は結びつかない。

江戸時代の典型的な京都の町屋は、俗に「うなぎの寝床《ねどこ》」といわれる構造を持っていて、道路に面した部分を正面として、奥へ向かって敷地が細長く続いている。そして、道路に面した表の部分を店舗として使用し、奥の部分を住居とするような、商業店舗＋商人の住宅（商家）であった。現在私たちが眼にする町屋（最近は「町家」と書かれることが多い）は、このような構造を基本的に受け継ぐものである。ただし、江戸時代京都の町屋は、あくまでも町屋の一つのパターンであって、中世の町屋は必ずしも商家には限定されず、もう少し多様な姿をしていた。

そこで、建築史の研究成果を参考にして、町屋一般を定義してみると、「町屋とは、住宅の一類型で、建物の正面が道路に接し、かつ複数の建築物が道路に沿って連続して建つものである」ということになる。

いっぽう、中世の鎌倉を発掘している考古学の研究者の見解からは、べつの定義が浮かび上がってくる。それによれば、大規模な宅地造成がされず、明確な境界を持たない小規模建物であって、掘立柱建物や板壁掘立柱建物、竪穴建物などの形式をとるという。つまり、町屋とは、特定の建築様式をさすのではなく、「寺社や武家屋敷とは区別される、商人や職人が活動した空間」ということになる。また、実際の発掘事例からは、小規模建物が必ずしも道路に接しているわけではなく、道路から奥へ引いた位置に建てられている場合もあったことがわかっている。

町屋に関する二つの定義を比べてみると、建築史的な定義からは、町屋は道との関係が注目され、考古学的な定義からは商工業との関係のほうが強調されることになる。いったい、どちらの定義が、中世鎌倉の町屋の実態に近いのであろうか。実は、これを解くカギが、幕府の法令のなかにあるのである。

ここでとりあげるのは、鎌倉のなかで町屋をつくってもよい地区を限定するという内容の、二度にわたる幕府法である。

一度目の法令は、建長三年（一二五一）に出たもので、「**鎌倉中のあちこちにある『小町屋《こまちや》』と『売買《ばいばい》の設《もうけ》』は、日ごろから禁止してきたところであるが、今日からは以下の七ヵ所以外の場所では一切《いっさい》禁止する**」というものである。「小町屋」は「町屋」とほぼ同じ意味で、小規模な建物が多かったので、とくに「小町屋」と呼んだのであろう。「売買の設」とは、町屋よりも粗略な仮設の店舗のことであろう。「売買の設」と類似の施設として町屋がとらえられていることから、町屋が商業関連の建物であったことがわかる。

なお、町屋の建設が許された七ヵ所とは、以下の地区である。オリジナルの法令に記されたとおりの表記をあげ、（　）内に一般的な表記を記しておいた。また、〔　〕内は、現在の地名・施設にあてはめてみたおおよその推定地点である。

1　大町　〔大町四ツ角の北側付近〕
2　小町　〔小町大路沿い、夷堂橋《えびすどう》の北側付近〕
3　米町　〔下馬《げば》四ツ角の東北付近〕
4　亀谷辻（亀ヶ谷の辻）　〔扇《おうぎ》ガ谷《がやつ》、岩船《いわふね》地蔵付近〕
5　和賀江《わかえ》　〔材木座海岸、飯島《いいじま》の沖〕
6　大倉辻（大倉の辻）　〔岐《わか》れ路《みち》付近〕
7　気和飛《けわい》坂山上（化粧坂の山上）　〔化粧坂、源氏山公園付近〕

二度目の法令は、十四年後の文永二年（一二六五）に出されており、「**鎌倉中のあちこちにある町屋を禁止し、七ヵ所にかぎり許す**」というもの。一度目の法令とほぼ同じ内容で、町屋が許された七ヵ所は、以下のとおり。表記のしかたはさきの法令と同じだが、さきの法令と重複の場所は〔 〕内は省略した。

一　大町
二　小町
三　魚町《うおまち》　〔大町四ツ角の南側付近〕
四　穀町《こくまち》
五　武蔵大路《むさしおおじ》下（武蔵大路の下）　〔寿福寺《じゅふくじ》門前付近〕
六　須地賀江《すじかえ》橋（筋違橋）　〔筋違橋《すじかえ》付近〕
七　大倉辻（大倉の辻）

一度目の法令の七ヵ所（1〜7）と、二度目の法令の七ヵ所（一〜七）を比較してみると、1と一、2と二、6と七が同じであり、3と四もおそらく同一の場所を指している。三は1から分化したようにみえるし、五は4と7を統合したものと考えられる。こうしてみると、二つの法令のあいだでの大きな変化は、和賀江が消えて、筋違橋が新設された点くらいである。全体としては、町屋公認の地区が、都市の中核に一歩近づいたような印象を受ける。

行商人は犯罪人？

幕府が二度の法令によって町屋公認の地区を限定したのは、鎌倉で増加し続ける商人（商店）をみずからのコントロール下に掌握し、公認と引き替えに税を徴収することが一つの目的だったのだろう。すでに、建保三年（一二一五）七月に「町人以下、鎌倉中諸商人の人数を決めるように」、という法令が出されている（『吾妻鏡』）。これをみると、「商人」のなかには「町人」であるものと、そうでないものとがいたことがわかる。「町人」とは町屋などの常設店舗を構えて定住している商人であり、町人でない商人とは、常設店舗を持たずに行商したり、仮設の店舗で移動しながら商売したりするものをいったのであろう。

とくに町人でない商人は住所不定のため把握しにくく、幕府としては活動を制限しようとしていたようである。弘長元年（一二六一）の『関東新制条々』のなかには、鎌倉での「立商人」の禁止を保の奉行人に命じた条文がある。これをみると、「家々の門前をうろついたり、道端に立ち止まったりして売買を行い、詐欺をはたらく連中」とされており、行商人はまるで犯罪者扱いである。

また、宝治二年（一二四八）四月にも、鎌倉中の商人の数を定めるよう命令が出されている（『吾妻鏡』）。

このような商人の人数制限により、素性のよくわからないあやしげな商人を排除し、幕府公認の商人のみの営業を保障しようとしたのである。しかし、実際には商人の数を厳密に管理することは難しかったと思われ、そのために店舗で営業する地区を限定する、という方式に転換したのではなかろうか。

建長五年（一二五三）には、これは鎌倉をふくむ東国が対象と思われるが、炭《すみ》・薪《たきぎ》・萱木《かやき》・藁《わら》・糠《ぬか》の値段を決めた法令が出されている。この条文のなかでは、「**近年あまりに高値となっているので、値下げを商人に命じる**」と述べられている。同時に、「**和賀江津の材木の寸法が滅茶苦茶で使えない、という苦情があるので、一本の長さを七尺もしくは八尺に決める。寸法が足りないものは差し押さえて奉行人に通報するように**」という法令も出されている。どうやら、人口増加や建築ラッシュによる品薄を背景に、商人がだいぶ儲《もう》けに走っており、幕府が強引に介入した模様である。

ところが、翌建長六年（一二五四）には早々と、「**さきに定めた炭・薪などの公定価格を廃止し、自由に売買するように**」という法令が出されている。商人たちの反発が強かったことや、闇での取引が横行して、法令が実質的に無意味となってしまったことなどから、あっさりと撤回されたものと思われる。

同じ建長六年に幕府は、中国（宋《そう》）との貿易に使われる「唐船《からふね》」を五艘に限定し、それ以外を壊すように命じている。この法令は東国を対象にしたものと考えられており、幕府が東国に出入りする貿易商人の活動を規制し、公認の商人を通じて利益を独占しようとしたものと思われる。

また、弘長元年（一二六一）の『関東新制条々』のなかには、ぜいたく品禁止の条文の一つとして、染色した革製品のうち薬染めのものを禁止するように、諸国の地頭《じとう》と「町屋沙汰人《さたにん》」に命じたものがある。商品の製法にまで、規制を加えようとするもので、ずいぶんと細かいところまで気にするものだなあと思ってしまう。

ついでながら、著者としては条文のほうの「細かいところまで」が気になるので、「町屋沙汰人」とは何者か、ということを問題にしたい。

『関東新制条々』のほかの条文では、全国を対象にする場合、諸国の「守護・地頭」と鎌倉の「保の奉行人」に命令を下している。この組み合わせから類推すると、「町屋沙汰人」は、鎌倉の保の奉行人の下で町屋の管理にあたった者と思われる。町屋公認の七地区ごとにおかれた、町屋の商人（町人）の代表者であろうか。徳治二年（一三〇七）六月の史料（『金沢文庫文書』）に、「和賀江関所沙汰人」として極楽寺《ごくらくじ》の行者《あんじゃ》が出てくることからも、鎌倉における「沙汰人」が幕府からなんらかの管理を委任された者であると推定できる。

なぜ町屋はきらわれたのか

さて、これまでみてきたように、鎌倉幕府は、鎌倉時代中期以降、貨幣の浸透にともなう活発な経済活動とぜいたくな消費生活が、御家人の生活基盤を崩すことを恐れて、商工業をかなり高圧的に制限しようとしていたのである。

町屋の限定も、こうした商業統制の一部という側面があることは確かである。しかし、二度の町屋制限令には、それぞれセットになったべつの法令があり、これに注目する必要がある。まず建長三年（一二五一）の町屋制限令は、「**小路に牛をつなぐな**」および「**小路の掃除をせよ**」という法令がセットになっている。いずれも、道をきれいにすることに関係している。また、文永二年（一二六五）の町屋制限令のほうは、さきにもとりあげた「**家の前の大路を掘り上げて、家屋をつくることを禁止する**」という法令がセットにされている。この法令の目的は、家を張り出してつくり大路を狭くしてしまう行為を禁止することにあった。

セットになった法令に共通する趣旨は、「道を整備・保全する」ということである。したがって、町屋制限令には商業統制のほかに、もう一つの側面があるように思う。それは、後の章であらためて述べることになるが、広い意味での「道の整備」につながるという側面、いいかえれば「都市の荘《しょう》厳《ごん》」という側面である。町屋が建ちならんでいると、整然としてきれいな道がそこなわれる。営業のために店舗空間や客が道にせり出してくる、ということが問題視されたのではないか。そういえば、寛元三年（一二四五）に「『町屋』をつくって道を徐々に狭くすること」を禁止する法令が出ていたことも思い出される。町屋と道に密接な関係があるからこそ、このような法令が出されたのである。

道に商業施設が立ち並ぶ状況は、ヨーロッパの中世都市でもみられた。しかし、鎌倉のように店を撤去して整然とした道を維持するのではなく、むしろ中心道路の一部を拡張して広場や市場にしてしまい、道とはべつの商業空間をつくりだすことのほうが一般的であった。こうして比べてみると、都市鎌倉の支配者、つまり幕府の、「道」そのものへの強いこだわりが浮かび上がってくる。

また、鎌倉において町屋が認められた地区を地図上に印してみると、若宮大路沿いや、鶴岡八幡宮の門前、御所の近辺などを避けるように、都市中核部のふちに位置していることがわかる。都市鎌倉の中核部の道路沿いから町屋を排除することが目的であることがみえてくる。

町屋が建っている付近の道路では、人々が群集し、通行がとどこおり、ゴミも出ることになる。人が集まれば、喧嘩や犯罪なども起こりやすくなる。そのために、道路の整備や都市の治安に気を遣う幕府が、町屋を鎌倉の中心部から遠ざけようとしたのである。

逆に、これらの法令を通じて、鎌倉で「町屋」がどのような建物として認識されていたかが、わかってくる。鎌倉の町屋は、じかに道に面していないにしても、「道沿いにあって、道に向かって正面を開いていること」と、「商業や工業などのなんらかの営業活動を行っていること」を特徴としていたのである。だからこそ町屋は、道の整備のための法令の一部として制限令が出され、仮設の商業施設とともに地区を限定されたのである。

「決められた場所以外で町屋をつくるな」という法令は、道路付近での人の滞留とそれによって起こる騒ぎを防ぐという法の目的の点で、前にみた「道を狭くするな」という法令とも非常に近い性格を持つものであった。

振り返ってみると、道路との関係は建築史的な町屋の定義に一致し、商工業との関係は考古学的な定義に一致していることになる。二つの定義は、どちらも中世鎌倉の町屋の実態をいいあてていた、というなんだかずるい（?）結論を導き出したのだが、いかがなものだろうか。

なお、文永二年（一二六五）の法令で、港湾地区である和賀江（和賀江津、和賀江島ともいう）が町屋公認の地区から外された理由はよくわかっていないが、和賀江をのちに極楽寺が管理するようになることから、幕府が和賀江における商業統制の権限を放棄して、極楽寺に委譲したという説がある。

しかし、「道の整備」のための町屋の排除、という観点を加えると、あらたにべつの意味をも持ってくるように思われる。つまり、和賀江が鎌倉のはずれにあることから、当初は町屋が並んでいても幕府は気にしなかったのが、港が繁栄するにしたがって和賀江が鎌倉の玄関口という性格を強め、よそからの来訪者の眼を意識せざるを得ない場所となったのではないか。そこで、ごちゃごちゃとした町屋を和賀江の道沿いから遠ざけたのではなかろうか。

犯罪の取り締まり

犯罪都市鎌倉

繰り返しになるようだが、都市の特徴は、多数の人間が集まって居住し、不特定多数の人間が出入りすることである。それによって、都市の活発な経済活動も可能になる。とくに鎌倉は、各地の荘園の支配者でもあった武士（御家人）の宿舎や倉庫があり、年貢なども運ばれてきていた。

鎌倉時代中ごろに、下総《しもうさ》の御家人千葉《ちば》氏の鎌倉宿舎で留守番役をしていたのが、長専《ちょうせん》という人物である。彼の活動ぶりは、千葉県市川市中山《なかやま》の法華《ほけ》経寺《きょうじ》に残された日蓮《にちれん》の著作物によって知ることができる。この書物は、使用済みの手紙を裏返して書かれているのであるが、書物の裏側の古文書（「紙背文書《しはいもんじょ》」という）には長専の手紙がいくつかふくまれている。そのなかの一つによれば、**「千葉氏の所領からの年貢米が、今月分の将軍御所の使用人の給料に宛てられたので、催促の使いが宿舎に来て責め立てる。加えて、かねの代金の催促《さいそく》も来て困っている」**というようなことが記されている（『天台肝要文紙背文書』）。

千葉氏の年貢米が鎌倉に運ばれており、幕府からその一部を供出することを命じられているのである。また、金属細工の材料と思われる「かね」を、千葉氏が鎌倉で購入していることもわかる。

この「かね」の売買で思い出されるのが、時代はずっとあとになるが、室町時代に成立した『鐘の音』という狂言である。そのあらすじは、次のとおりである。

息子が成人になるので、刀の「差し初《ぞ》め」を行おうとした主人、刀の鞘《さや》に金属の飾りをつけるために、太郎冠者《たろうかじゃ》に鎌倉へ行き「金《かね》の値《ね》」を聞いてくるように命ずる。ところが、太郎冠者は鎌倉で寿福寺、極楽寺、建長寺《けんちょうじ》などの寺々を巡って「鐘の音《ね》」を聞きくらべ、帰ってから得々と主人に報告する始末。これを聞いた主人は怒りだして大騒ぎ、というもの。

中世の鎌倉についての、寺の多い都市であるというイメージと、金属などの商品の売買が行われ周辺地域から人が集まる経済の中心地であるというイメージがもとになって、この狂言が作成されたと思われる。

また、鎌倉時代後期に鎌倉に滞在した醍醐《だいご》寺《じ》の僧侶の日記には、紀州の人夫が鎌倉に来ていることが記されており、恐らくは年貢を運んできた者であったろう（『親玄僧正日記《しんげんそうじょうにっき》』）。人だけでなく、さまざまな品物も入ってくる都市鎌倉。しかし、そうなるとふつうの商売でなく、物騒な商売も行われるようになる。その商売とは、人身売買である。生活に困った人や身よりのない人が流入するいっぽうで、多くの働き手を必要としていた鎌倉では、人さらいや人身売買も頻繁《ひんぱん》に起きていたのである。

人身売買、代金は寄附へ

幕府の法令にも、人身売買に関するものがいくつかみられる。そもそも、鎌倉にかぎらず人身売買は全国的に禁止されており、嘉禄二年（一二二六）に諸国の御家人に対して「**人を誘拐したり売買したりする者を逮捕せよ**」との『追加法』が出されている。これは、前年に朝廷から出された法令を、さらに幕府が取り次いで命令したもので、実際に犯罪者を逮捕するとなると、幕府の手を借りないことには始まらなかったのである。

その後、寛喜三年（一二三一）の飢饉の際に、餓死をのがれるためにやむを得ず妻子や親類などを売ることを幕府も認めたことがあるが、延応元年（一二三九）の『追加法』で再び厳重に禁止された。

建長七年（一二五五）には、「**人身売買の代金は没収して大仏に寄附することになったので、各地の地頭が責任をもって銭を送るように**」との『追加法』が出されている。これも全国を対象にしたものであるが、人身売買に使われた銭を当時建造中の鎌倉大仏の資金にあてている点が注目される。鎌倉周辺でも人身売買が横行していたからこそ、このような一石二鳥（？）のアイデアが幕府の指導者の頭に浮かんだのであろう。

それを裏づけるように、同じ建長年間（一二四九〜五六）には、鎌倉をとくに対象とした関連法令が出ている。法の内容は、「**人商人（人身売買を商売にする者）は、鎌倉中や諸国の市場に多くいるという。そこで今後は、鎌倉では保の奉行人に命じて交名《きようみよう》（リスト）を作成して追放し、諸国では守護が処罰を行え**」というものであった。鎌倉では、リストを作成しなければならないほど多数の人身売買業者が、営業していたのである。ちなみに、右の法令とまったく同じ内容の条文が、弘長元年（一二六一）の『関東新制条々』のなかにもある。

もう一つ、似た内容の『追加法』があるが、これは出された年代が不明である（『中世法制史料集第一巻』『追加法』七三六）。この法令は、「**人さらいや人売りは処罰すべき者であるが、鎌倉中や諸国の市場に多くいるという。諸国では守護・地頭に命じて処罰し、鎌倉中ではその顔面に焼印をあてよ**」というものである。とくに鎌倉の人身売買業者について、その顔面に焼印を押して、二度と人身売買をできなくさせよ、という具体的で厳しい罰が記されており、鎌倉での人身売買の状況がよほど目に余るものだったと想像される。

また、建長元年（一二四九）七月の幕府の判決状（『相良家文書』）によれば、肥後《ひご》の相良頼重《さがらよりしげ》という武士は、裁判の相手方から「下人二人を捕らえて、そのうちの一人を鎌倉において売買しようとした」として非難されている。裁判における一方の主張であるから、完全な事実であったかどうかはわからないが、肥後からはるばる鎌倉まで下人を連行して売買するという話が、ある程度の真実味を持っていたということであろうから、それだけ鎌倉が人身売買の市場として「繁盛《はんじょう》」していたということであろう。

盗みは大目にみる

そのほかにも、鎌倉では犯罪が頻発していたようで、関連の法令がいくつかみられる。延応二年（一二四〇）に、保の奉行人が取り締まるべき八ヵ条が幕府から通達された。そのうちのいくつかについては、すでに関連するところでとりあげているのだが、ここであらためてその八ヵ条をもとの法令のとおりすべてあげてみよう（一～八の番号は便宜上筆者がつけた）。

一、盗人の事

二、旅人の事

三、辻捕りの事

四、悪党の事
五、町々辻々売買の事
六、小路を狭くする事
七、辻々の盲法師および辻相撲の事
八、押買の事

八ヵ条全体をひとまとまりの法令としてみると、鎌倉の町の騒乱を予防し、平和な町の実現を目指すための条文をセットにして出したことがわかる。二・三・五・六・七についてはすでに触れており、ここでは一・四・八をとりあげてみたい。

まず、一の盗人であるが、これは都市ではしばしば起こる犯罪であり、『吾妻鏡』も鎌倉での盗人がからんだ事件をいくつか記している。以下、紹介してみよう。

建暦元年（一二一一）六月には、裁判のため越後《えちご》から出てきて大倉あたりの民家に寄宿していた者が、盗人のために殺害されるという事件が起きた。よく調べてみると、この盗人は、裁判の相手方の人間が世話をしている男だった。要するに、盗みにみせかけた計画殺人だったわけである。

寛喜三年（一二三一）十月には、鎌倉の中心部で大火災があり、大倉のあたりにあったと思われる連署北条時房《ほうじょうときふさ》の公文所《くもんじょ》（家政を管理する事務所）や、源頼朝《みなもとのよりとも》の法華堂《ほっけどう》（墓所）・北条義時《よしとき》の法華堂が焼失した。この火災は、盗人の放火が原因という。

仁治二年（一二四一）十月には、夜半に亀ヶ谷の民家を盗賊集団が襲い、近隣の武士たちが駆けつけて捕まえたということがあった。さきに辻の夜行（夜回り）について述べた際に、鎌倉の町の警備では武士はあまり頼りにならないと書いたが、この事件のようにたまには役に立つこともあったのだ。いっぽう、弘長三年（一二六三）四月の事件では、夜中に窟堂《いわやどう》の地蔵堂に隠れていた十人ほどの盗人を、夜行の人々が捕まえており、やっぱり町の自警団ががんばらなきゃならんのかね、という感じである。

盗人のターゲットになったのは、将軍の御所も例外ではなかった。寛喜二年（一二三〇）五月、将軍の御所に盗人が入り、剣や衣服が盗み取られた。ただちに御所を封鎖して人の出入りを止めて調べてみると、御所に務める男女各一人に疑わしい点があった。そこで、彼らに、鶴岡八幡宮に籠もって「神仏に誓って罪になるようなことはしておりません」と起請文《きしょうもん》を書くように命じたところ、「失《しつ》」があらわれたという。

起請文の「失」とは、起請文を書いて神社に七日間籠もっているあいだに、もし誓ったことが嘘であれば本人の身の上にあらわれる現象のことである。文暦二年（一二三五）の幕府の『追加法』に、この「失」の内容を規定した法令があって、「鼻血が出る」、「病気になる」、「トビやカラスに尿をかけられる」、「ネズミに衣服を食われる」、「飲食のときむせぶ、ただし、背中をたたかれないと困るほどの場合」などが規定されている。これらの現象があらわれれば、嘘すなわち有罪ということになる。

さて、御所の盗人の疑いがあった男女は、「失」があらわれたので、追及して盗みの事実を明らかにしたうえで、御所を追放となった。

宝治二年（一二四八）四月にも御所に盗人が入って厨子《ずし》などの宝物を盗み取った。この責任を問われて、保の奉行人が処罰されている。

以上の各事件は、盗みのなかでも特殊な事件であったために幕府の公的記録というべき『吾妻鏡』に記載されたわけで、そのほかの鎌倉における無数の盗みについては、いちいち記されなかったと思われる。

建長七年（一二五五）の鎌倉の質屋《しちや》について保の奉行人に命じた法令に、次のような記述がある。

盗人が盗んだ物を売買すれば、たちまち盗みがばれてしまうので、こっそり質に入れて金を借りることがある。ところが持ち主が質物をみかけて盗まれた物と気づいたとき、質屋が『世間の通例』といって質入れした人物やその住所を教えないという。これはけしからぬことなので、今後は質入れのときに、名前と住所を尋ねさせるように、それぞれの担当の保のなかで通達するように。

右の記述から、当時の鎌倉には、盗品を質に取って金を貸すような業者がかなり存在していたということがわかり、このことからも鎌倉で多数の盗人が活動していたことが確かめられる。

ところが、意外なことに、鎌倉での盗人の取り締まりを命じた幕府の法令は、ほかには一切みあたらないのである。ばくちを禁止する法令のなかで「盗みのもとになる」とはいっているが、直接盗みを対象にしたものではない。実は幕府は、強盗ではない単なる窃盗を、「軽い犯罪」とみなしていたのである。世間一般では窃盗を重い犯罪とみなして厳罰を与えようとする風潮があったのだが、幕府は「撫民《ぶみん》」（民をいたわる）という観点から、むしろ窃盗犯への厳罰を避けようとしていたのである。したがって、幕府の法だからこそ、逆に盗人への対処があまり出てこないので、実際には鎌倉では盗人が多数活動していたのである。

平和な買い物を

次に、延応二年（一二四〇）の八ヵ条の四、「悪党の事」をとりあげてみたい。「悪党」とは、ふつうは鎌倉時代後期に政権や領主に敵対して謀反人《むほんにん》とみなされた集団をいうのであるが、右の法令における「悪党」はそれほど大袈裟《おおげさ》なものではなく、集団で悪さをはたらく連中、といった感じである。具体的にどんな悪さをしたかはよくわからないのであるが、ばくちや喧嘩《けんか》、強盗などが考えられる。

文応元年（一二六〇）には、「**鎌倉中の保のなかでの狼藉《ろうぜき》をしずめるように**」という、あまりにも漠然としてよくわからない法令が出されているが（『吾妻鏡』）、右にみた「悪党」の活動をしずめろ、ということなのかもしれない。

最後に、八ヵ条の八、「押買《おしかい》の事」について触れておこう。「押買」とは、押売の逆であり、市場において商人から無理矢理に安い値段で品物を買い上げてしまう犯罪である。このの5建長六年（一二五四）にも、鎌倉中の押買を停止するようにとの幕府法が出されている（『吾妻鏡』）。

押買がはびこると、商人はその市場をきらってほかの市場へ逃げてしまう。市場での安全な取引を保障すること、いわば「市の平和」を実現することは、当時の支配者の義務だった。中世の市場に関する法令には、ほとんどの場合、押買禁止の条項が盛り込まれており、押買が市の平和を乱す重大な犯罪であったことがわかる。

ついでに、「迎買《むかえかい》」というものについても触れておこう。迎買も押買に似た犯罪で、市場で取引が行われる前に、商人から無理矢理に品物を安い値段で買い取ってしまうことである。「**鎌倉中での迎買を奉行人に命じて停止させよ**」という幕府法が、弘長元年（一二六一）の『関東新制条々』のなかにみえている。迎買の禁止も、押買禁止とならんで、市の平和のために必要不可欠な規制だったのである。

一連の犯罪防止のための法令をみると、いかに鎌倉が「怖い」場所であったかがわかるが、ある意味では非常に大量のさまざまな人々が頻繁に出入りする都市であったからこそ、地域社会からはみ出た「アウトロー」たちもなんとか片隅にもぐりこんで生き延びることができていたのかもしれない。もちろん、全国の軍事・警察を担当していた幕府にとっては、お膝元のそのような状況をみすごすことができるはずはなく、保の奉行人はさぞ苦労したことであろうと想像される。

庶民の娯楽はどこまで許されるか

ばくちの禁止

賭博（ばくち）の禁止は、とくに鎌倉内にかぎったことではなく、幕府から諸国を対象にたびたび法令が出されていた。さかのぼってみれば、はるか昔の持統天皇三年（六八九）に双六《すごろく》の禁止令が出された（『日本書紀《にほんしょき》』）のを初めとして、以来繰り返し賭博の禁止令が朝廷から出されていた。その流れを受けて、鎌倉幕府も都市鎌倉をふくむ広い範囲を対象に、禁止令を出したのである。

とくに鎌倉を対象に出されたことがわかる法令は、例の弘長元年（一二六一）の『関東新制条々』六十一ヵ条のなかの一条である。それによれば、**「盗賊や放火は多くは博奕（ばくち）が原因であるから、たびたび禁止してきたが、なお違反するものがある。保の奉行人や諸国の守護地頭に命じて、重ねて禁止させるように。ただし、囲碁《いご》・将棋《しようぎ》は禁止しない」**ということであった。この条文には、**「延応年間（一二三九～四〇）に同内容の法令を出した」**という意味の注意書きがあり、延応元年（一二三九）四月に出された、「四一半《しいちはん》」というサイコロ賭博の一種を禁止した法令をさすものと思われる。

ただし、この延応元年の法令は、京都周辺と諸国の野山で行われる賭博を対象にしている。したがって、現在法令そのものは残されていないが、鎌倉内を対象にした四一半の禁止令が、同時に出されたはずである。

さらに、そのすこし前にも、鎌倉を対象地区にふくむような賭博禁止令が出されていたと考えられる。天福元年（一二三三）の八月、執権《しっけん》の北条《ほうじょう》泰時《やすとき》が江ノ島《えのしま》に参詣に出かける途中、由比ヶ浜《ゆいがはま》あたりで他殺死体に出くわしたので、参詣を中止して犯人を捜索させた。すると名越のあたりで血のついた袖を洗う怪しい男がいたので捕らえたところ、殺人犯と判明した。この男は「博奕人」であったので、泰時は博奕の禁止を命じたという（『吾妻鏡』）。「博奕人」というから、職業的なばくち打ちが鎌倉にいたことになる。そして、ここでも幕府は、ばくちが犯罪の温床であると考えて、ばくち自体を禁止することにしたわけである。

ところが、北条泰時の弟で幕府の連署《れんしょ》も務めた北条重時《しげとき》は、家訓《かくん》のなかで「**博奕は、思いがけず加わることになったら、友を欺《あざむ》かず、適当にやりなさい。他人の心をつかむためである。自分自身が主催するのは、絶対にやめなさい**」といっている（『極楽寺殿《ごくらくじどの》御消息《ごしょうそく》』）。さすがに、みずからがばくちを主催することは止めているが、ばくちをすること自体は認めているのである。幕府の首脳部が、ばくちが行われることを黙認しているようなものである。

また、これは鎌倉にかぎらず全国的に命じられた法であるが、寛元二年（一二四四）には、「**ばくちのなかでも、武士が行う双六については、今後は許可する。ただし、庶民は永久に禁止**」という変な法令が出されている。すこし前の暦仁元年（一二三八）に、全国を対象に「**双六は禁止する**」という幕府法が出ている（『吾妻鏡』）のだが。

そういえば、さきにみた弘長元年（一二六一）の賭博禁止令でも、「**囲碁・将棋は禁止しない**」というおまけがついていた。当時の幕府の最高実力者であった北条時頼《ときより》が囲碁を楽しんだことが知られており（『吾妻鏡』宝治二年〈一二四八〉八月一日条）、ひょっとしたら時頼の顔色を気にしてこのような法令になったのでは、と勘ぐりたくなる。

こうしてみると、武士のあいだではかなりおおっぴらに囲碁・将棋・双六が行われ、金品を懸けた勝負もあったようである。そうなれば、庶民だけが賭博を禁止されて黙ってしたがうはずはない。実際に鎌倉の町では囲碁・将棋・双六がさかんに行われていたようであり、碁石や将棋の駒《こま》、双六の駒、双六盤、サイコロが発掘されている。なかには、二・四・六の偶数の目しかないサイコロも発掘されており、インチキ賭博に使われたものらしい。

賭博は犯罪のもとであるとして繰り返し禁止令が出されていたのも、結局は禁止が徹底されなかったからである。禁止する側の武士が、囲碁・将棋・双六などの盤上のゲームや賭博を完全に排除できないような状況では、あたりまえのことともいえる。

鷹狩りは文化か、ぜいたくか

この時代の武士の楽しみであり、一種の文化でもあった鷹狩《たかが》りも、幕府からたびたび禁止された。殺生は罪悪であるとする仏教の影響を受けて、狩りや漁を限定つきで禁止する「殺生禁断《せつしょうきんだん》」の法令は、幕府や朝廷から頻繁に出されていた。その一環として鷹狩りを禁ずる幕府の『追加法』も、全国を対象に何度も出されている。鷹狩りは支配者層のみにかぎられる大がかりな行事であったから、鷹狩り禁止にはぜいたくの禁止という側面もあったのである。

そして、鎌倉中に対しても、これは出された年代が不明のものであるが（『中世法制史料集 第一巻』『追加法』七三七）、「**鷹をつないではならぬ**」という『追加法』が出されている。鎌倉に住む武士のなかにも、鷹狩りに備えて鷹を飼育する者が多かったからであろう。

しかし、鷹狩りは神社のお供えを調達するために必要な狩りの手段であったし、支配の象徴という意味もあったので、なかなかなくならなかった。たび重なる禁止令が、逆にそのことを証明している。したがって、鎌倉の町中で鷹をみかけることも、なくならなかったと思われる。

酒は壺一つまで

都市民の楽しみを制限するという点では、賭博や鷹狩りの禁止と多少似たところもあるが、鎌倉では酒の販売も禁止された。現代的な感覚（というよりは著者個人の感じ方？）からみると、賭博はともかくとして、お酒くらいはいいじゃないかと思ってしまうのだが、結構厳しい法令が出されている。

建長四年（一二五二）九月、「**鎌倉での酒の販売を禁止するように**」と、保の奉行人に命令が出され、鎌倉中の民家にある酒壺の数が調査された。その結果は、三万七二七四個（『吾妻鏡』）。七四という端数《はすう》が、妙にリアルである。

ちなみに、この酒壺の個数を根拠に、一戸あたりの酒壺を三個と仮定して、当時の鎌倉の民家の数は約一万戸と推定されている。総人口はさらにその何倍かの数字になるはずである。

さて、右の法令によって、保の奉行人は本当に一軒一軒調べてまわったのだろうか。鎌倉幕府の役人がこんな地道で面倒な作業を、徹底的に遂行《すいこう》したとは、「鎌倉中」の範囲さえ厳密に確定されていなかった当時の状況からは、ちょっと考えにくいのであるが、すでにたびたびみたように、保の奉行人もどちらかというと「柔軟な対応」をすることが普通で（もしくは人手不足でオーバーワーク気味であったか）、しばしば職務怠慢を指摘されているような状態であるから、なおさらである。しかし、このときの酒販売禁止は、鎌倉だけではなく諸国の市場にも適用されており、幕府としても本腰を入れた指令であったから、鎌倉の酒壺調査もかなり気合いを入れて行われたようだ。

それを裏づけるように、翌月にはさらに厳しい法令が出されている。「**酒販売を禁止したからには、鎌倉中の酒壺はすべて壊すように。ただし、一家に壺一つは残してもよいが、酒ではなく、ほかのものを入れて使うようにし、酒造りをしてはいけない。違反者は処罰する**」、というものである（『吾妻鏡』）。みせしめ、ということで、実際にいくつかの酒壺が人々の眼の前で壊されたであろうが、一部の場合には「柔軟な対応」がとられたのではなかろうか。

なぜならば、飲酒そのものは禁止されておらず、幕府の行事のなかでも宴会が行われており、どこからか酒を調達しなければならなかったはずだからである。当時の執権は北条時頼《ときより》であったが、彼には「**ある夜、急に人を呼んで酒を酌み交わした際に、台所の棚にあった味噌を肴にした**」というエピソードが残されている（『徒然草《つれづれぐさ》』第二一五段）。この話に象徴されるように、幕府は日常的に派手な宴会が行われることを制限しようとしていたのであって、質素に飲めばよいのである。

翌建長五年（一二五三）には、御家人と鎌倉居住の人々の「過差《かさ》」（ぜいたく）を禁止するための法令が定められている（『吾妻鏡』）。北条時頼を中心とする幕府のもと、この時代の鎌倉では、「ぜいたくは敵だ！」とする動きがあったことは確かである。

僧侶までどんちゃん騒ぎ

これ以後にもさらに、ぜいたく禁止の一環として、酒宴に規制が加えられたことがある。何度もとりあげてきた弘長元年（一二六一）の『関東新制条々』六十一ヵ条のなかに、関連の法令がある。まず、「**衝重《ついがさね》や檜《ひのき》の折敷《おしき》などのぜいたくな食器を、酒宴のときに使ってはいけない**」という法令がある。これは、鎌倉内のみを対象にした法令ではないが、ずいぶんと具体的な細かい規定であるから、それだけ鎌倉の幕府関係者のあいだでも目に余るものがあったのであろう。

次には、「**御家人が鎌倉に参上したときに、『旅籠振舞《はたごぶるまい》』と称して宴会を開き、おまけに引出物という名目で品物をねだるのは、無駄遣い・人々の迷惑であるから禁止する。客のもてなしも簡略にして、豪華すぎないように**」という法令がある。

「旅籠振舞」とは、旅を終えて、余った旅籠（旅行用品を入れて運ぶ籠）のなかの食料を人々に振る舞うという意味で、無事に旅を終えたことを祝って催す宴会のことをいった。本来は、到着した御家人が催すもののはずであるが、待ち受けていた鎌倉の人々が、無理矢理宴会を開かせ、さらには引出物までおねだりする、というわけで、これはさぞ迷惑なことであったであろう。また、羽振《はぶ》りのよい御家人のなかには派手な宴会を開いて、金品のばらまきをする者もいたのだろう。「客のもてなしを簡略にせよ」という条文と一緒になっていることからも、派手な酒宴の禁止が法令の目的であることがわかる。

続いて、「**僧侶の住居で群集して酒宴をし、俗人や稚児《ちご》もまじっていることを理由に、魚や鳥を肴にして食べること禁止する**」という条文もある。これも全国を対象にした法令であるが、鎌倉の僧侶も例外ではないことは、すでに文暦二年（一二三五）に出されていた法令によって明らかである。それは、「**念仏を唱える僧のなかに、魚や鳥を食べ、女性を招きよせ、仲間を集め、頻繁に酒宴をする者がいるという。その僧の家は保の奉行人に命じて破壊し、本人は鎌倉中から追放する**」という法令であった。

品行方正であるべき僧侶が、女性を呼んでどんちゃん騒ぎ、というわけで、これは幕府としては見のがせないということになる。ぜいたく禁止と並んで、酒宴から生じる風紀の乱れや治安の悪化を幕府が気にしていたことがわかる。

その後の弘安七年（一二八四）に全国を対象として出された酒販売の禁止令では、川の通行料取り立て禁止・港の市場における営業税の禁止・安値で強引に買い取る「押買」の禁止の三ヵ条とセットで出されている。よって、この四ヵ条が、全体として幕府が「市の平和」を維持するために出した法令であることがわかるのであり、逆に酒の販売が市場の平和を乱すものとみられていたことを示している。

居酒屋で喧嘩

ところで、酒のもたらす害悪は、古今東西あまり変わらない。十二世紀のロンドンの様子を一市民が記した『もっとも高貴なるロンドンの町についての記述』という書物には、すばらしい都市ロンドンにおいて、唯一やっかいなものは、愚か者たちの節制のない飲酒と頻繁な火事である、と記されているという。飲酒による馬鹿騒ぎが、ヨーロッパでも都市の大問題となっていたことが想像される。

実際、鎌倉でも飲酒がもとになった喧嘩騒ぎが起きている。仁治二年（一二四一）十一月には、若宮大路の「下《しも》の下馬橋《げばばし》」付近の西側の店で宴会をしていた三浦《みうら》一族が、たまたま大路をはさんだ東側の店で宴会をしていた小山《おやま》一族と喧嘩になり、あわや合戦になりそうな大騒ぎになったという（『吾妻鏡』）。この事件などは、酒宴から起こる治安悪化の一例であろう。

三浦一族と小山一族が宴会をしていた店は、『吾妻鏡』には「好色家」と記されており、遊女が相手をして酒を飲ませるような店のことと考えられる。若宮大路も、浜に近いところでは、両側に遊女屋が並ぶような場所もあったことになる。鎌倉には、このような遊女屋や、居酒屋のような店もあったのではなかろうか。

時代も場所も離れているが、十五世紀前半のブルッヘ（ベルギー）には五四軒の居酒屋が、パリにはなんと四〇〇〇軒の居酒屋があったといわれている。また、十四世紀のヘント（ベルギー）では、成人一人あたり年間一〇〇リットルのぶどう酒を消費し、パリでは一五〇リットルを超えていたらしい。まさに都市と酒は、切っても切れない関係にあるのである。そして、ヨーロッパの中世都市における酒と犯罪の関係も鎌倉と同様であり、飲酒や衝動的な感情から発生した暴力行為が、都市の犯罪において高い割合を占めていたという。

火事については、鎌倉でも実に頻繁に発生しており、幕府も問題視していたはずであるが、意外にも防火をおもな目的として出された法令は少ない。盗賊や放火を防ぐために保の住人に夜回りをさせるという法令、盗賊や放火の原因になるという理由で賭博を禁止した法令などがあるだけである。あるいは、火災は起きるものと考えて、素早い復興のほうに力をそそいでいたのであろうか。

「徳政」としてのぜいたく禁止

さて、話がだいぶそれてきてしまったので、酒販売の禁止の話に戻すとしよう。弘長元年（一二六一）のいくつかの法令は、ぜいたくの防止と治安維持という目的から酒宴の一部に規制を加えるものであったが、酒宴を全面的に禁止するものではなかった。文永元年（一二六四）には、あらためて、鎌倉をふくむ東国での酒販売を禁止する法令が出された。この法令には、「**最近は九州から酒を取り**

寄せることがはやっているが、金の無駄だからやめるように」とも記されており、やはりぜいたく防止の意味合いが強いようだ。

ところで、鎌倉時代には、天変地異が起きたときや、支配者の代替わりなどの際に、公権力が人心を安定させ支配者の「徳」を世間に示すために、政治改革と社会生活の引き締め策を行う風潮があった。これを、「徳政《とくせい》」といった。のちの徳政一揆《いっき》からイメージされるような、「借金棒引き」だけが徳政ではなかったのである。酒販売禁止をふくむぜいたく禁止・綱紀粛正の政策は、この徳政の一環として行われたという側面がある。徳政は、幕府だけでなく朝廷も呼応して行うことが多く、朝廷からも、ぜいたく禁止に関する法令が出されたりした。たとえば、弘安二年（一二七九）八月の朝廷の徳政においては、「**酒販売を一切禁止する**」という法令が出されている（『田中本制符《たなかぼんせいふ》』）。

しかしながら、鎌倉時代を通じて、鎌倉で酒宴そのものが禁止されたことはなかった。鎌倉の発掘によっても、中国から輸入されて酒壺に使われた梅瓶《めいびん》と呼ばれるやきものや、漆器の提子《ひさげ》（酒を盃にそそぐための器）、酒樽の栓、使い捨ての盃として使われた「かわらけ」という土器などが大量に出てきている。『吾妻鏡』にも、酒宴の記事はしばしばみることができる。酒の需要は常にあったのに、法令にしたがって酒販売の禁止を徹底的に行ったとすると、鎌倉の人々はいったいどこから酒を入手したのであろうか。

想像をたくましくするならば、いくつかの特定の酒屋のみが幕府公認のもと酒販売を独占していたのではないだろうか。そして、幕府は、ほかの民家における酒の製造販売を禁止して公認酒屋の営業を保護するかわりに、酒屋から税を取っていたのではないか。現代風にいえば公企業による民業圧迫、といったところであろうか。

かたちだけの禁止令

　鎌倉時代の終わりごろの徳治三年（一三〇八）に、幕府の役人中原政連《なかはらまさつら》が執権北条貞時《さだとき》に出そうとした意見書の草案（『平政連諫草《いさめぐさ》』）が残されている。実際には提出されなかったらしいが、このなかに「連日の酒宴をやめるべきこと」という一文があり、当時の酒をめぐる状況がみてとれる。それによれば、「**貞時殿は出家しているのにもかかわらず毎日のように酒宴にふけっており、政務がとどこおっている。先祖の北条泰時《やすとき》殿は三十歳のころから一生のあいだ、酒に酔うことはなく、北条重時《しげとき》殿も終日公務にはげんで晩にちょっと酒をたしなむ程度であったというのに。飲酒は仏の禁ずるものであるが、貞時殿は連日酔っぱらって、仏道修行の暇もない有り様。酒販売の禁止令が出ているのに、上の者も下の者も宴会を好むので、酒の売買はなくならず、法があっても有名無実、ついには免許されてしまった**」ということである。酒の売買が「免許」された、つまり公認されてしまったわけで、いかに酒販売禁止令が無力だったかがわかる。

　右の文で引き合いにだされている北条重時は、前に触れたように「賭博も、つきあい程度ならいいよ」という家訓を残した人物であるが、ここでふたたびご登場願おう。

彼は家訓のなかで、**「酒宴の席では、貧しそうな人に声をかけて、下座にいたならば『こちらへ』と上座に呼びなさい」、「酒が手元にあったら、少しばかりの量でも決して一人で飲んだりせず、友を呼んで一緒に飲みなさい」、「どんなに席が乱れても、他人の前にある酒や肴を取って飲み食いしてはいけない」、「酒に酔って赤い顔をして大路を歩いてはいけない。日が暮れてから車などを取り寄せて帰りなさい」**等々（『六波羅《ろくはら》殿《どの》御《ご》家訓《かくん》』）、酒宴にまつわることに細かい気配りを示している。ただ、幕府の首脳部に名をつらね、晩年は出家して浄土の教えを信仰した重時であるが、酒や酒宴そのものをやめさせようという気はまったくなかったようである。

　このようにみてくると、結局は、酒販売の禁止も賭博禁止と同様に徹底されなかったと思われ、飲酒による治安の乱れを気にした幕府が出した、「飲み過ぎに気をつけましょう」的なキャンペーンに終わったのではなかろうか。都市の支配者として秩序を守るための法令を幕府は頻繁に出すものの、住人たちはその都度多少おとなしくはしても、都市生活を楽しむことを断念することはなく、「いたちごっこ」となるのが実状であったようである。なによりも、何度も法令が出されることがそのことを証明している。

武士は武士、坊さんは坊さんらしく

乗り物のルール

都市のなかの道では、身分のちがう人どうしがすれ違うことが日常的に起こる。そのときに、お互いの身分差を確認するために、こまごまとしたマナーが存在した。これを「路頭礼《ろとうれい》」というが、京都における、おもに公家《くげ》のあいだの路頭礼については、朝廷によって決められていた。また、交通の手段も身分を象徴するものであり、たとえば輿《こし》や牛車《ぎっしゃ》は、公家や僧侶、身分の高い女性や子供などが一般的に使用した。身分の低いものがそういった乗り物に乗ることはマナー違反とみなされたのであり、延応二年（一二四〇）には「**在京の武士が牛車に乗って洛中を横行することを禁止するように**」という幕府の『追加法』が、京都の六波羅探題《ろくはらたんだい》に宛てて通達されている。

鎌倉においても、さまざまな身分の人々が生活し、道を行き来していた。そこで、幕府は身分秩序をはっきりとさせるために、多くの人の目があつまる道での交通手段について、『追加法』で規制を加えた。

代表的な法令が、弘長元年（一二六一）の『関東新制条々』のなかの二つの条文である。一つめの条文は、「**鎌倉中で輿に乗ることを一切禁止する。ただし、五位以上の位を待つものと僧侶は除く。**

また、御家人でも六十歳以上の者は許す」という内容であった。五位以上の位を持つ者、となると、鎌倉では、将軍や執権・連署などの有力御家人、将軍に仕えている公家などのごく少数の人間にかぎられてくる。そのほかの武士は馬に乗れ、ということであるが、年をとると乗馬も大変なので、六十歳以上は輿に乗ってもよいということなのである。

二つめの条文は、「**雑色《ぞうしき》、舎人《とねり》、牛飼《うしかい》、力者《りきしゃ》、問注所《もんちゅうじょ》・政所《まんどころ》下部《しもべ》、侍所《さむらいどころ》小舎人《こどねり》および道々工《みちみちのたくみ》・商人の、鎌倉中での馬での通行を一切禁止する**」という内容である。「雑色」から「侍所小舎人」までは、幕府に仕えるさまざまな下級職員をさしている。「道々工・商人」とは、それぞれの道に秀でた専門の工人、つまり職人と商人のことである。幕府の下級職員は、権力の末端につらなるという立場と人的ネットワークを利用し、職人はその専門技術を生かし、商人は都市の活発な経済活動を利用して、それぞれ金銭を蓄《たくわ》え、羽振りがよくなっていたのであろう。彼らは、いわば都市の有力者というべき存在であり、勢いに乗って、ついでに輿にも乗って、鎌倉中を行き来するようなことになったと思われる。

しかし、幕府からみれば、彼らがどんなに金持ちで力があるといっても、しょせんは武士でもなく公家でもない一般庶民であるわけで、輿に乗る行為は、「身分不相応」であるとして禁止したのである。とくに幕府の下級職員に対しては具体的な職名（雑色、舎人……）がずらずらと書きつらねてあり、幕府首脳部の面々には規制の対象とすべき人物の顔が思い浮かんでいたのではなかろうか。「幕府に仕えているからといっても武士ではないんだぞ。おい、おまえだ！　おまえのことだ！」という気持ちだったろうか。

騎馬での通行については、すでに建長六年（一二五四）に、「**政所下部や侍所小舎人らの鎌倉中での騎馬を禁止する**」という『追加法』が出されており（『吾妻鏡』）、弘長元年（一二六一）の法令はその拡大版ともいえる。

困った坊さんたち

さらに、弘安七年（一二八四）に出された『新御式目』という三十八ヵ条の『追加法』のなかにも関連する条文がみられる。『新御式目』は、安達泰盛《あだちやすもり》が主導して行った一種の行政改革（弘安の改革という）の基本方針案ともいうべきものである。そのなかに、「**念仏者、遁世者《とんぜしや》（出家した者）、凡下《ぼんげ》（一般庶民）が鎌倉中を騎馬で通行することを禁止するように**」という条文がふくまれているのである。こんなことが「改革」なのか？と思われるかもしれないが、どうやら「目にみえるかたちで秩序を整える」ということが、当時の政権がとくに気にしていたことのようなのだ。

右の法令にみえている「念仏者」とは、念仏を唱える宗教者であるが、まえに酒宴の話で触れたように、鎌倉には肉・魚を食べ女性を呼んで酒宴をするような念仏者もいたのである。ただし、幕府にとって「困りもの」なのはなにも念仏系の坊さんだけではなかった。右の法令で出家者一般の騎馬についても禁止していることからも、そのことが裏付けられる。

そもそも、鎌倉は武士の都と思われているが、実はそれにも増して寺の多い都市だった。幕府が成立し、各地で支配者としての安定した地位を築きあげた武士たちは、戦争を職業とすることに対する不安や、先祖の供養と家の繁栄を願う気持ちなどから、せっせと鎌倉で寺をつくった。寺が多ければ、坊さんも多くなるわけで、なかには困った坊さんも出てくるわけである。鎌倉にいたのは、ちゃんとした寺を持つ上級の坊さんだけではない。寺や上級の坊さんの住まいに仕《つか》えたり、庶民からの寄附などを頼りに町をさまよったりする、下級の僧侶（「法師《ほうし》」、「聖《ひじり》」などと呼ばれることもある）もいたのである。なかには乞食《こじき》と変わらぬ状況の僧侶もいたようである。

治安の維持に気を配る幕府としては、さまざまな坊さんに対応しなければならない。はみだしものの坊さんを規制し、本来の品行方正な姿にしなければならなかったのである。

鎌倉時代後期、日蓮の信者であった富木《とき》常忍《じようにん》という人の手紙（『日蓮宗宗学全書　第一巻』所収）には、不気味な話が記されている。それは、「**鎌倉小袋坂で、ある下級の僧が、葬送される死人の肉を切り取っていたので、幕府が捕らえて尋問したところ、当時鎌倉にいた龍象房《りゆうぞうぼう》という天台宗の僧侶の注文だという。龍象房に聞くと知らぬというので、さらに下級僧を追及すると、化粧坂灯炉堂《けわいざかとうろどう》の法師の注文だといったという噂である**」というもの。どこまでが事実かはわからないが、あやしげな僧が鎌倉にうごめいていたことは確かなようである。

刀を差す僧侶

また、この時代、僧侶が武装して「強訴《ごうそ》」と呼ばれるデモ活動を行ったりしており、僧侶のなかには日ごろから武装する「元気者」もいて、幕府は僧侶の武装解除を命じている。文暦二年（一二三五）に、幕府は「**鎌倉中の僧侶の武装を禁止する**」と命じている（『吾妻鏡』）。

ところが、僧侶だけではなく、寺院・僧侶に仕える俗人の従者（召使い）たちも武装して問題を起こしており、仁治三年（一二四二）には、次のような『追加法』が出されている。

僧侶の従者がしきりに乱闘騒ぎを起こし、殺人におよぶことも多い。武士の従者ですら、このような乱暴は行わないのであるから、僧侶の従者なら、なおさらすべきではないことである。これは、僧侶が武勇を誇る乱暴者を好んで雇い、乱暴を止《と》めないからである。今後は、僧侶の従者が太刀《たち》や腰刀を差すことを一切禁止する。もし、これに背いて傷害や殺人を犯せば、その主人を罰する。なお、従者が刀を差していたら、みつけしだい、侍所の小舎人に命じて抜き取らせ、大仏に寄附させる。

「上が好むものを、下も好む」と俗にいうが、まさに、暴れん坊僧侶のもとには、暴れん坊が集まっていたのである。没収した刀剣を大仏に寄附させていることも、注目される。そういえば、人身売買の代金について、没収後は大仏に寄附させるという法令が出ていたことが思い出される。幕府が、あの手この手で、鎌倉大仏のための資金をひねり出そうと努力していることがわかる。ひょっとすると、悪行に手を染めた犯罪者を大仏に結縁させて罪滅ぼしをさせてやろうという、幕府の小さな親切（大きなお世話？）であったかもしれない。

右の法令は、勝長寿院《しょうちょうじゅいん》・鶴岡八幡宮（当時は神仏習合により神社と寺院が一体となっていた）・永福寺《ようふくじ》という、鎌倉の三大寺院の責任者宛てに出されている。この三寺院はいずれも源頼朝が建てた幕府直轄寺院で、鎌倉中でも最上格の寺院であった。その中核寺院でも、この有り様である。同じときに、ほぼ同内容の法令が、三寺院のうちの勝長寿院だけを対象にしてべつ扱いで出されている。これをみると、**「勝長寿院の僧坊で乱闘事件が続き、しばしば殺人まで起きている」**とか、**「葬送担当の『三昧《さんまい》僧』が、酒宴を好んでいる」**という内容が追加されており、勝長寿院での騒ぎが特別目立っていたらしい。

さて、僧侶の武装を禁ずることは、坊さんを坊さんらしくさせるということであるが、そもそも「帯刀」つまり刀を腰に差すことは、武士の身分の象徴であったから、坊さんにかぎらず、武士以外の庶民がこれを差すことは厳しく制限されていた。建長二年（一二五〇）には、「庶民が太刀を差すこと」を保の奉行人に命じて禁止させている。同じ法令で、まえに「辻の平和」に関連してふれたように、「夜行のときに庶民が弓矢を持ち歩くことを禁止すること」も保の奉行人に命じている。

人の目も多い都市という場では、身分をあらわす服装や乗り物についても、ずいぶんとやかましい幕府の規制があったのである。

第二章　御家人・戦国大名の掟

豊後大友氏と『新御成敗状』

京・鎌倉がお手本

幕府の直轄都市鎌倉のほかにも、鎌倉時代には、幕府に仕えた武士（御家人）が支配した都市が全国各地にあった。まずは、豊後国《ぶんごのくに》（現在の大分県）の御家人大友《おおとも》氏が出した「都市の掟」をとりあげてみよう。

大友氏はもともとは相模国《さがみのくに》大友郷（現在の神奈川県小田原市《おだわらし》）を本拠とする武士で、初代の能直《よしなお》のときに幕府に仕えて豊後国の守護に任命された。能直の孫で三代目の大友頼泰《よりやす》が、豊後守護の立場で出した法令集が『新御成敗状《しんごせいばいじょう》』である。

『新御成敗状』は、仁治三年（一二四二）に出された二十八ヵ条と、寛元二年（一二四四）に追加で出された十六ヵ条との、合計四十四ヵ条からなっている。鎌倉の掟でさんざんお世話になった、『中

世法制史料集　第一巻　鎌倉幕府法』の『追加法』のなかに、全文が収録されているので、以下ではこれを参照して話を進めていきたい。

『新御成敗状』は、幕府の法令をそのまま取り次いだ法令集ではなく、大友氏が作成して豊後国内を対象に出したものではあるが、幕府法の強い影響を受けている。幕府法を根拠にしていることを条文のなかに記しているものが十三ヵ条あり、そのうちの八ヵ条は幕府の基本法『御成敗式目《ごせいばいしきもく》』によることを明記している。またそのほかに、はっきりとは記されていないものの、幕府法の条文を下敷きにして立法されているとみられるものが三ヵ条ある。しかし、残りの二十八ヵ条については、幕府法を参考にしながらも、大友氏が独自に作成したものである。

豊後守護大友氏は、支配の拠点である守護所《しゅごしょ》を、古代から国を治める役所（国府《こくふ》。国衙《こくが》ともいう）がおかれていた豊後の府中《ふちゅう》（現在の大分市）に構えた。「府中」は、豊後にかぎらず中世の諸国に存在した政治都市で、国府の役所を中心として国府に務める役人の館や国と国府を鎮護する神社、国府に直属する商工業者などが集まった、一国の中心となる都市であった。豊後の府中は、のちには「府内《ない》」と呼ばれるようになり、戦国時代には、大友氏の城下町として栄えた。なお、近年は戦国時代の大友氏の館や隣接する万寿寺《まんじゅじ》という大寺院の跡が発掘されている。

鎌倉時代の豊後府中の領域ははっきりしていないが、戦国時代の府内城下町よりは南側の、上野台地の「高国府《たかごう》」や、そのさらに南側の「古国府《ふるごう》」を中心とする領域であったと推定されている。

大友氏は国府を中心とする府中のなかに守護所を設置したが、鎌倉時代にはまだ国府そのものを完全に掌握したわけではなく、国府内にはほかの有力な役人がいた。大友氏が国府を統括する立場を手に入れるのは、南北朝時代になってからと考えられている。しかし、大友氏は国府内の一部の役職を得ており、守護としてそのお膝元の都市府中を実質的に支配していたと思われる。

『新御成敗状』は、全体としては、豊後国内を対象とした法令集であるが、その一部には、府中を主対象とする「都市の掟」がふくまれている。それらは、幕府法の受け継ぎではなく、大友氏が独自に作成した条文である。ただし、実は、法令を制定した時点では頼泰は豊後には赴任しておらず、関東を拠点として活動していた。また、『新御成敗状』には固有地名がまったく登場していない。そうしたことから、府中関連の法令は頼泰自身が現地の実態をみながら作成したものではなく、大友氏が京都・鎌倉を意識しながら思い描いた理念的な都市像をしめすものだという説もある。

ただ、現地の守護所にいる代官と頼泰とのあいだになんらかの交流がなかったとは思えないし、現地のスタッフが法令集作成に関与した可能性もある。つまり、『新御成敗状』がまったくの絵空事《えそらごと》とは考えられないのである。単なる理想像でよいならば、鎌倉・京都に関する幕府法の条文をそのまま受け継いで立法すればすむのに、わざわざ大友氏が独自に作文しているのである。さらに、あとで触れるように、「通行事《とおりぎようじ》」という役職は京都・鎌倉ではみられないものであるし、「道祖神社《どうそ》」の流行についても、ほかの都市で一般的に確認できる現象ではない。したがって、『新御成敗状』は、当時の豊後府中の実態をある程度反映した法令だと考えたい。

ところで、具体的に『新御成敗状』のうちの何ヵ条が都市府中を対象にした条文なのかは、研究者によっていろいろな意見がある。ある研究者は七、またある研究者は十、といっている。条文のなかにはっきり「府中」ということばが書かれているのは四ヵ条であるが、この四ヵ条をふくむ、仁治三年（一二四二）に出された分の末尾十ヵ条のかたまりは、著者のみるところ、府中を対象にした条文、もしくは府中を対象として強く意識した条文、と思われる。そのほかにも、府中を対象にしたと思われる条文が二つある。したがって、合計十二ヵ条について、条文の書かれている順に、以下詳しくみていきたい。

出会いが少ない都市の交際事情

人妻や娘などを密かに男性と交際させる『中媒《ちゅうばい》』は、禁止する。もし違反したら、その者も、密会した男女も処罰する。

「中媒」とは、男女交際仲介業者、現代風にいえば「出会い系サイト運営業者」といったところであろうか。あとで述べる宇都宮氏の『式条』にみえる「仲人《ちゅうにん》」と同じようなものである。日常は縁のない男女が密かに交際することが可能なのは、多くの人々が比較的希薄な人間関係のなかで生活を送っている都市社会だからである。また、中媒のような職業も、そうした需要が多い、都市という場だからこそ成り立っていたのである。

宇都宮氏の『式条』の「仲人」は、鎌倉に関しての規定であるから、鎌倉にそのような業者がいたことは確かであるが、なぜか幕府法のなかには関連する法令は残されていない。幕府関係者のなかに常連客がいたのではないかと勘《かん》ぐりたくもなるが、それはともかく、この条文は豊後府中の風紀の乱れをおさえるための法令であり、広い意味では都市の治安維持のための法令、ということになる。

辻で女性をさらう『辻捕り』を犯した者は、『御成敗式目』の規定により、武士は一〇〇日間の出勤停止、庶民は頭髪の半分を剃る、あるいは牢に閉じこめる。

「辻捕り」の禁止は、右の条文でも明らかなように、『御成敗式目』によって全国的に厳しく禁止されていた。さらに、鎌倉のなかにおいても、幕府の『追加法』で禁止されていたことは、すでに述べたとおりである。ただ、注意深く読んでみると、実は『御成敗式目』には、庶民について「牢に閉じこめる」との規定はなく、『新御成敗状』では大友氏独自の規定が付け加えられていることがわかる。実際の経験のなかから、「頭髪の半分を剃ったくらいじゃ、効きめがないな」と考えたのであろう。また、『御成敗式目』では僧侶が犯した場合の規定があるが、『新御成敗状』では省略されている。府中には鎌倉ほど多くの寺院はなく、僧侶についてわざわざ条文に規定する必要がなかったのである。

パワー・スポットも制限

府中に屋敷地を与えられた者で、税の納入を逃れ、労役を怠《なま》ける者は、屋敷地を没収する。

この条文からあとは、府中関連法令のかたまりとみられる、末尾の十ヵ条である。府中に屋敷地を与えられた者は、税や労役の義務があったことがわかる。屋敷地を与えられた者とは、具体的には大友氏の家臣たちが中心であるが、大友氏とはべつに、国府から屋敷地を与えられた国府の役人や商工業者もいたかもしれない。いずれにせよ、府中に屋敷を持つ者への課税や労働力の調達は、守護である大友氏が全面的にになっていたことがわかる。また、鎌倉の例と同じように、屋敷地を庶民などに又貸しする者も多かったであろうが、納税の義務は屋敷地の本来の持ち主にあったのである。

府中の住人が府中に道祖神社を建てることを禁止する。ただし申請により、特別な事情があると判断されれば許可する。

古代から現代まで、都市では、一時期に爆発的に信仰される小規模の神社があり、「流行神」と呼ばれている。近年の「パワー・スポット」のブームなども、この一種かもしれない。この時期、府中の辻々に道祖神社を建てて信仰することがはやっていたらしい。

道祖神は一般に、集落の境界などの道端に祀られる神で、災《わざわ》いの侵入を防ぐとされている。近世以降の道祖神は、石に男女の姿を刻んだり、「道祖神」の文字を刻んだりしたものが多いが、中世の道祖神は自然石や男女の性器をかたどった石を祀ったものであった。大友氏は、このような道祖神をいかがわしい神としてきらい、住人たちが熱狂的な行動をとることを防ごうとしたのである。

ただ、なんでもかんでも強圧的に押さえこもうとすると、よけいに反発が起こる恐れがあるので、特別な事情があるものは許すという条件をつけたのであろう。

鎌倉と共通する「禁止令」

町での押買《おしかい》は、身分の上下にかかわらず一切禁止する。また、町人が定める物の値段が法外に高いので、やめるように。

押買（強制的な買い取り）の禁止は、鎌倉でもみられたもので、市場の平和を維持するための重要な条文である。「町」が具体的にどこをさすかはわからないが、町屋がならぶ場、つまり都市府中の繁華街、もしくは常設の市場のような場のことである。そのような場で商売をしていた人々が「町人」であり、彼らが設定する値段が高いのでやめさせようとするものである。

しかし、漠然と「値段が高いからやめよ」といっても、どれだけ効きめがあったであろうか。鎌倉をふくむ東国でも、商人の決める炭や薪の値段が近年あまりに高値となっているという理由で、幕府が公定価格を決めたことがあったが、結局失敗に終わっている。ましてや具体的な値段の指定もない、この大友氏の法令が、実際には単なるスローガンにとどまったことは間違いない。

府中を通行する人々が、たいした雨でもないときに傘をさすことを禁止する。

鎌倉での「編笠をかぶって通行してはいけない」という法令と、非常によく似た法令である。その目的は、鎌倉の場合と同じで、治安の維持のために、不審人物が顔を隠して通行することを禁止するためである。

田畑をつくったり、家を建てたりして大路を狭くすることはまことに勝手なことであり、通行事

に命じてやめさせよ。

この法令も、鎌倉でさんざん問題になっていた「道を狭めるな！」という条文と、ほぼ同じ内容である。ただ、鎌倉では、家や家の敷地が道にせり出してくることは問題になっていたが、田畑をつくることは少なくとも幕府法のなかでは問題になっていなかった。いっぽう京都では、道路の一部が田畑や宅地としてそのまま定着してしまい、「巷所《こうしょ》」と呼ばれる不動産として売買されたり譲与されたりしていた。府中でも、田畑となってそのまま「巷所」となってしまう土地があったのである。

なお、「通行事《とおりぎょうじ》」とは、おそらく鎌倉の「町屋沙汰人」と同じく、大友氏から大路とその両側の町屋の管理をまかされた町人の代表であろう。名称は、府中独自のものである。通行事は、京都の「保の検非違使」や鎌倉の「保の奉行人」のような、都市内の管理・保全を担当する役人の下に位置していたと思われるが、この役人のほうの名称は伝わっていない。

それぞれの保で、晴れの大路に産屋《うぶや》を建てることを禁止する。もし背けば、強制撤去する。

まず、この法令から、府中がいくつかの「保」に分けられていたことがわかる。それぞれの保に、右に述べたように、担当の役人がいたと思われるが、よくわかっていない。

さて、中世にはお産を「穢《けが》れ」とみる風潮があり、産婦を隔離するために地区ごとに「産屋」というお産の場所を建てることがあった。府中では、保ごとの産屋を、大路に建てることがあり、お産の「穢れ」にかかわる施設を、「晴れ」の大路に建てることはけしからん、ということで禁止されたのである。

権威を笠に着てはいけない

いろいろな細工をする職人に、無理矢理に私物をつくらせてはいけない。

武士や役人などの権力を持つ者が、さまざまな職人を勝手に独占して、自分の物ばかりを無理矢理つくらせてはいけない、という条文である。職人の自由な営業活動を保障し、府中に商工業者が集まってきて、都市として繁栄するようにという考えから定められた法令であろう。

似たような法令に、すこし前の延応二年（一二四〇）に出された、「**町人やさまざまな職人を召し使ってはいけない**」という幕府の『追加法』がある。この法令は、地域が限定されていないうえに、裁判のときに職人が有力者の家来だと称して勝手な振る舞いをすることを防ぐための法令であった。よって、これが直接に大友氏の法令に受け継がれたとは思えない。ただ、職人らを有力者が囲いこんで家来同様に扱い、自分のための仕事ばかりさせるような状況が全国的にあったようである。また、職人のなかにも、権威を求めて、有力者の専属となることを選ぶ者がいたのであり、都市の支配者としては感心しない動きだったのである。

引出物・贈り物の事。

双六・四一半・目増《めまし》・字取《じとり》などの博奕の事。

この二ヵ条はセットになっていて、まとめて「**右のことは禁止する。もし守らなければ、逮捕して**

役職を解任する」としている。これらの条文には、府中を対象にしていることを直接しめすようなことばはふくまれていない。しかし、その直前に配置された八ヵ条の法令すべてが府中に関連するものであり、この二ヵ条とあわせた「末尾の十ヵ条」のかたまりは、府中関連法令と思われる。また、引出物をお互いにプレゼントしあうような、「役職」付きの人々が多数住んでいる場所は、政治の中心となる都市としか考えられない。よって、この二つの法令は、おそらく大友氏家臣などの府中に住む有力者たちを対象としたものであろう。

引出物・贈り物の禁止は、ぜいたくな生活をやめさせようとした幕府の政策に近いものであるし、双六などの賭博の禁止は、鎌倉や全国を対象に幕府から禁止令が出されていた。したがって、やはり幕府法の影響を強く受けたものではあるが、「目増」とか「字取」といった賭博は、幕府法のなかにはみえていない。

以上みてきたように、豊後府中に関する「掟」は、鎌倉についての法令や幕府の出した一般的な法令に似ている部分も多いが、ところどころ微妙にアレンジされていて、大友氏の独自性があらわれている。全体としては、道の整備や辻の平和など、道路関連の法令が目立っている。

墓は遠くへ

これまでとりあげてきたもののほかに、『新御成敗状』の府中関連法令には、とくに注目される条文がある。それは、

府中に墓地をつくってはならない。もし違反すれば、つくった者に命じて改葬させ、その者の宅地は没収する。

というものである。

この条文も、府中関連法令がかたまっている、仁治三年分の末尾十ヵ条のうちの一つである。豊後府中の範囲は現在ではよくわからなくなってしまっているが、「鎌倉中」の例を思い出すならば、実は当時の人々にとっても府中の範囲は明確なものではなかった可能性が高い。そうなると、府中に墓地をつくらせないようにするという法令が、どこまで徹底できたかはあやしい。

ただし、都市の中心部から墓地を排除しようとする風潮は、日本の中世都市では広くみられたのである。その代表は、平安京（京都）であった。すでに古代の平城京（奈良）では、律令によって都のなかや道路わきに墓をつくることは禁止されていた。古代・中世の京都においてもこの方針は維持され、墓地や寺院は原則として「洛中《らくちゅう》」と呼ばれる都の中心部にはつくられなかった。墓地は鳥辺野《とりべの》・化野《あだしの》・神楽岡《かぐらおか》などの周囲の山に、寺院は白河《しらかわ》をはじめとする鴨川の東側などに設けられていたのである。これは、天皇のいる内裏を中心とした洛中を神聖な領域として維持し、死の穢れや仏教的な要素を排除するためであった。ただし、実際には、戦国時代ごろには洛中にも寺院やそれに付属する境内墓地がつくられていたのである。

また、平安時代末期の奥州平泉《おうしゅうひらいずみ》においても、都市の中心部と墓地は明確に分離されており、何らかの規制があったと考えられている。九州を代表する都市博多《はかた》においても、鎌倉時代には個人の屋敷のなかにつくられる「屋敷墓」が消滅し、郊外の松原が霊場として利用されるようになる。博多の発展とともに、住民のあいだに「都市民」としての自覚がめばえ、自己規制することによって、墓地を都市内から遠ざけたらしい。

さらに、中世の遠江《とおとうみ》国の府中であった静岡県磐田《いわた》市では、府中の領域の外側で大規模な集団墓地がみつかった。「一《いち》の谷《たに》中世墳墓群」とよばれるこの集団墓地遺跡は、熱心な保存運動にもかかわらず破壊されてしまったのであるが、それはともかくとして、国府に務める「在庁官人《ざいちょうかんじん》」とよばれる役人たちの墓を中心とするものとみられている。国司の主導によって府中から死の穢れを排除しようとした結果、府中のすぐ外側に墓地がつくられることになったのである。

さて、府中の墓地を禁止するという『新御成敗状』のなかの条文は、かつては「鎌倉中」を対象にして出された幕府法であると解釈されていたこともあったが、もちろんそれは誤りであり、あくまでも豊後府中を対象にした大友氏の法令である。そうはいっても、これまでみてきたように、大友氏の法令が幕府法の影響を受けていることは明らかであり、ほかの代表的な都市の事例と考えあわせてみても、鎌倉にも同様の規制が働いていたことはほぼ間違いない。むしろ、以前から出されていた鎌倉中での墓地の規制にならって、豊後府中でも墓地をつくることが禁止された、と考えられている。

鎌倉中での墓地禁止については、法令そのものが残っていないのでなんともいえないが、「鎌倉中」

といっても、とくにその中心部、若宮大路などの大路沿いには墓地をつくるな、という政策だったのではないかと思われる。なぜならば、源頼朝の墓（法華堂）や北条義時《よしとき》の墓（法華堂）などは、大倉御所の裏山の、明らかに「鎌倉中」に入っている場所につくられているからだ。そのほか、武士や僧侶の墓は、山や山麓、寺院の境内などにつくられていた。そして、そもそも寺院は谷の奥、山ぎわにつくられていたのであり、鎌倉中では山とその周辺が墓地をつくることが許されていた場所だったのである。

鎌倉時代後期ごろから、鎌倉では、山ぎわを掘った岩窟のなかに納骨する、「やぐら」とよばれる墓が大量につくられるようになる。やぐらは、もともとは中国（南宋）の仏教文化の影響を受けて寺院の奥につくられた僧侶の墓であり、やがて寺院に関係のある武士や有力者にも広がったのである。以前には、「府中」の墓地禁止令がきっかけで「やぐら」が発生した、という説もあったが、何度も述べるように、豊後府中の法令であるから、直接の関係はない。ただ、鎌倉中心部から寺院や墓地を遠ざけたことから、山ぎわに墓地がつくられ、その一つのタイプとして岩窟を利用した「やぐら」という墓が生まれたのである。

いっぽう、一般庶民の墓地は、鎌倉中の境界領域である浜であった。浜が葬送の場であったことは、浜から多くの人骨が発掘されていることからも裏づけられている。

ちなみに、このように都市の中心部から墓地を排除しようとする風潮は、中世のヨーロッパではみられないものであった。ヨーロッパのキリスト教徒は、聖者の近くに葬られることを望み、教会や修道院の内部、および周囲に墓地がつくられていたのである。ヨーロッパの中世都市は、「小教区」という教会による行政区分で内部が分けられており、小教区ごとに教区教会がおかれていた。したがって、最低でも小教区の数だけの墓地が都市のなかにあったことになる。例をあげれば、ベルギーのブルッヘは一二の小教区、イタリアのフィレンツェは六二の小教区、パリは三五の小教区に分かれていた。実際には、教区教会のほかにも修道院や礼拝堂があり、それぞれに墓地が付属したから、都市内部の墓地はかなりの数にのぼる。

パリ中心部にあったイノサン墓地はとくに有名で、七〇〇〇平方メートルにおよぶ敷地に二〇〇万体以上の遺骸が埋葬され、近くの中央市場に悪臭をはなっていた。十八世紀になって、悪臭や衛生上の理由から墓地は閉鎖され、市外の石切場に墓地が移された。これ以降、パリの墓地は市外に設置されるようになったのである。中世においてはむしろ逆に、墓地を都市の中心部に設置していたのであり、日本とは対照的であった。

下野宇都宮氏と『式条』

宇都宮明神のお膝元

次に、時代を四十年ほどくだって、下野国《しもつけ》（現在の栃木県）の宇都宮という都市に対して出された、御家人宇都宮氏の「都市の掟」をとりあげてみよう。

平安時代の終わりごろの宇都宮は、下野を代表する神社であった宇都宮明神（現在の二荒山《ふたらさん》神社）と、東北へつながる幹線道路である「奥大道《おくだいどう》」の宿を中心とする都市となっていた。鎌倉時代になって、常陸《ひたち》国（茨城県）や宇都宮を拠点とする武士の八田朝綱《はったともつな》が、源頼朝に仕えて御家人となり、宇都宮明神の最高責任者である「検校《けんぎょう》」の職に任命されている。以後、朝綱とその子孫は宇都宮氏を名乗るようになり、下野の一宮である宇都宮明神を統括し、そのお膝元の都市宇都宮や周辺地域を支配する有力御家人となったのである。

鎌倉時代の後期、弘安六年（一二八三）に、当時の宇都宮氏の当主景綱《かげつな》は、『式条』と名づけた法令集を、一族・家来や所領内の庶民を対象にして制定した。法令の内容は、庶民にかかわることもふくまれているが、実際に通達されたのは、一族・家来・神官・僧侶たちであったと思われる。『式条』は、『宇都宮家弘安式条』ともよばれ、オリジナルは伝わっていないが、写しが残されており、それ

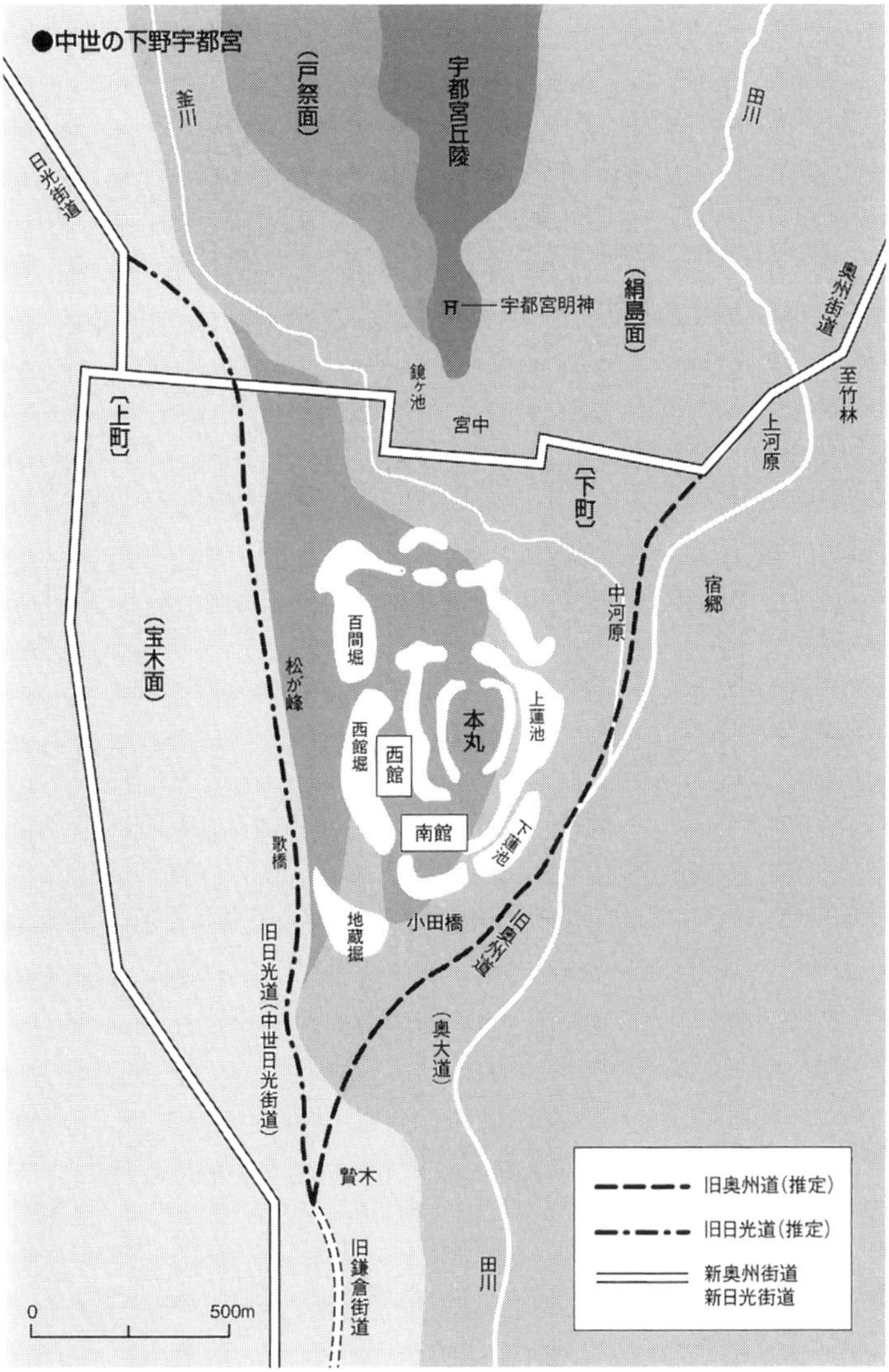

江田郁夫『中世東国の街道と武士団』(岩田選書，2010）掲載図をもとに作成．

をもとに佐藤進一・池内義資・百瀬今朝雄編『中世法制史料集　第三巻　武家家法Ⅰ』に全文が翻刻されている。以下、『式条』の条文については、すべてこの本によることにする。

宇都宮景綱は、幕府の政務・裁判の中心となる評定衆の職を務めており、このころの幕府の中心人物であった安達泰盛《あだちやすもり》とも親戚関係にあった。そのような背景があったために、法令による公平な支配の必要性を強く感じて、『式条』をつくりあげたのである。

『式条』は、全部で七十ヵ条にもおよぶ長い法令集である。大友氏の『新御成敗状』と同じく『式条』もまた、幕府法をそのまま取り次いだ法令集ではなく、宇都宮氏が独自に作成したものでありながら、いっぽうで幕府法の強い影響を受けている。制定した景綱の経歴にもよるのかもしれないが、『御成敗式目』や『追加法』と似た内容の条文や、鎌倉番役や京都大番役などの御家人としての義務に関連する条文がふくまれている。

全七十ヵ条の構成をみてみると、並んでいる順に、だいたい次のような三つの部分に分けることができる。

〔1〕宇都宮明神・神宮寺などの社寺や、そこで行われる法会・祭礼に関する条文。（第一条～第二十六条）

〔2〕土地の相続や、宇都宮氏の法廷で扱う裁判の手続きなどについての条文。（第二十七条～第五十二条）

〔3〕その他、所領内の支配に関する条文。（第五十三条〜第七十条）

〔1〕の部分が三分の一以上を占めているのは、宇都宮明神の神官でもあるという、宇都宮氏の立場を反映しているものである。全体としては、宇都宮氏の当主が、一族・家来や所領内の住人を統制し、支配するときのよりどころとして定められたもので、「都市の掟」はそのなかの一部である。〔3〕のなかにふくまれている十ヵ条の法令が「都市の掟」であり、そのうち九ヵ条が宇都宮を対象としたもの、残り一ヵ条は鎌倉を対象としたものである。

社宅の使い方

宇都宮に関するものは、このあとじっくりとみていくこととして、とりあえず鎌倉に関する条文をみておこう。それは、**「宇都宮氏から家来に与えている鎌倉の屋敷は、勝手に子孫に譲ってはならない。家臣の勤務態度によっては、とりあげて他人に与えることもあり得る。また、白拍子《しらびょうし》・遊女・仲人《ちゅうにん》などにはいっさい屋敷を貸してはいけない」**というものである。

幕府御家人である宇都宮氏は、本拠の宇都宮のほかに、幕府に勤務するときのために、鎌倉にも屋敷を持っていた。その場所は、鎌倉の中心部の若宮大路に近いところで、屋敷に面した小路は「宇津《うつの》宮辻子《みやずし》」と呼ばれた。自分の屋敷のほかに、宇都宮氏は幕府から屋敷地を与えられており、それを家臣たちに与えていたのである。

ところが、家臣も常に鎌倉にいたわけではないので、屋敷や屋敷の一部を鎌倉の住人に貸したりしていたのである。そのこと自体は禁止していないのであるが、白拍子（歌や舞を演じて客をもてなす女性の芸人）や遊女、仲人（男女の交際を仲介する業者）などに貸すとなると、世間の評判もよろしくないので、宇都宮氏は家臣に対してこれを禁止したのである。

渋谷《しぶや》定心《じょうしん》というべつの御家人の遺言状には、**「鎌倉の屋敷は、弟にも貸すように。他人に貸しても弟には貸さない、という例をよくみるが、そのようなことは親の命にそむくものだ」**という一節があり、御家人やその家臣が屋敷をほかの者に貸すということは、鎌倉ではごくふつうに行われていることだったのである。

公共事業は住民負担で

次に、『式条』にふくまれている宇都宮の掟をみていく前に、都市宇都宮の空間がどのように構成されていたかを、まず述べておこう。町の中央の丘陵には宇都宮明神が鎮座し、明神の境内を中心とする「宮中《みやなか》」には、明神に関連する寺社や神官・僧侶の屋敷、宇都宮氏一族と家臣の屋敷があった。その周囲には「町屋」とよばれる地域が広がり、そのさらに外側には、「宿《しゅく》」・「上河原《かみがわら》」・「中河原《なかがわら》」「小田橋《こたはし》」という、奥大道沿いの四つの宿があり、これらをすべてふくむかたちで、都市「宇都宮」が構成されていたのである。そして、さらにその外側にも、宇都宮氏の所領である村々が広がっていた。

では、以下順番に、『式条』の条文をみていくことにする。

所領内の道路や橋は、近隣の住人に課して、便利の良いように修理・維持させるようにせよ。もし負担が重すぎる場合があれば、その経済状態にしたがって考慮する。

宇都宮氏の所領全体についての法令なので、厳密には宇都宮のみに限定された話ではないのであるが、やはり交通の便が発達して道が集中しているのは都市である。ましてや、宇都宮は奥州への幹線道路である奥大道に沿ってひろがる都市であり、とくに宇都宮の道路・橋の保全を住人に義務づけたものと考えられる。『式条』を直接通達されたのは宇都宮氏の一族や家臣たちであるから、実際には彼らが近隣の住人を動員して、道路を整備したり、こわれた橋の修理を行ったりしたのである。

ただし、大規模な道や橋の修理には、莫大な費用がかかり、住人のなかには負担に耐えきれない者もいた。そのような者については「考慮する」、つまりは免除か軽減の措置がとられたのであろう。ただ、費用が調達できないことには、道や橋の修理そのものができないのであるから、近くに住んでいる宇都宮一族や家臣などには、逆に身分相応の高額の出費が求められたのであろう。

ちなみに鎌倉では、橋の修理は、幕府法によって保の奉行人に命じられていた。あとで道路掃除に関する部分で詳しく述べるが、弘長元年（一二六一）に出された『関東新制条々』のなかに、鎌倉中の橋の修理と道路掃除を命じる条文がある。ただし、あくまでも保の奉行人は監督者で、実際に修理を行ったのは宇都宮の場合と同じく、近くの住人だったのである。

もちろん、保の奉行人が管理している以上は、幕府はまったく関係なし、というわけではなかった。

寛元二年（一二四四）六月に幕府の法廷で行われたある裁判では、虚偽の申し立てをして相手を訴えた武士が、罰金として橋の修理代を払わされている（『吾妻鏡』）。また、建長二年（一二五〇）九月には、一般庶民が幕府の法廷に訴訟を起こす際には、「もし虚偽の申し立てと判明した場合は、橋の管理費を払います」と、あらかじめ宣誓させる、ということが決定されている（『吾妻鏡』）。こうして幕府によって徴収された橋の管理費は、当然幕府の所在地である鎌倉の橋の維持・管理にもあてられたはずだ。

しかしそれでも、幕府の関わり方は限定的だったようだ。その根拠となるのが、鎌倉の大路の側溝工事の例である。幕府の主導した側溝工事は、将軍御所をはじめとした有力者の邸宅前に重点があった。若宮大路では、幕府が御家人らに側溝工事を割り当てたと思われる人名を記した木簡《もつかん》が出土しているが、その場所は将軍御所の近くなのである。北条氏の小町邸の脇の若宮大路側溝からは、工事を北条氏の家来に割り当てた人名木簡が出土している。したがって、道路の側溝工事は、近くの屋敷に住む者が、自分の家来などを動員して行うのが原則で、例外的に重要な場所のみ幕府が直接工事を行ったのである。

橋の場合もおそらく同じで、鎌倉の橋のうち、御所の近くとか、若宮大路にかかる橋などの重要なもののみ、幕府が直接修理を行ったのであろう。要するに、鎌倉でも宇都宮でも、近くの住人の自己負担で、というのが鎌倉時代の都市のインフラ整備の基本だったのである。

不良のたまり場

宿や宮中の住人が、神社の旅所《たびしょ》に宿直することは、盗人などの犯罪に結びつくので、先年に三晩のほかは禁止したところである。ところが、最近これに違反する者がいるという。今後はかたく禁止する。

外縁部の四つの宿や、中心部の宮中には、祭礼のときに神様が一時滞在する臨時出張所のような施設である「旅所」があった。祭礼の時はそれぞれの地区の人々が夜通し旅所に詰めて、神様にお仕えするのであるが、ふだんは空っぽの建物になるわけである。この建物に、夜になるとたむろする者がいて、なかには喧嘩や騒ぎを起こしたり、夜の闇にまぎれて集団で盗みや放火などの犯罪に走ったりするものがあったのであろう。深夜の町内会事務所が、不良青年たちのたまり場になってしまったような状況であろうか。

住民の義務

町屋に家を与えられた者は、『地子《じし》』という名の契約料を納めるほかは課税を免除しているのに、緊急の仕事を命じたときに奉行人の催促にしたがわないというのは、まったく理屈が通らないことである。このような家は、べつの者に与えることとする。

宇都宮の中心「宮中」の周囲に展開する市街地が、「町屋」である。そこを管理・支配する宇都宮氏は、家臣や商人・職人などの庶民に家を与えて住まわせていた。彼らは、宇都宮氏のために奉公するかわりに、家を受け取ったときに払う「地子」のほかには、借地料や年貢などの課税を免除されるという、一種の契約関係になっていた。それにもかかわらず、宇都宮氏の緊急の用事で労働などの動員がかかったとき、宇都宮家の役人である「奉行人」が催促にきても、知らんぷりをしている者もいた。これは、宇都宮氏のために奉公するという契約に違反することになるので、家をとりあげてほかの者に与える、という条文である。

宇都宮の町屋に住む者は、課税を免除されるという特権を得るかわりに、家臣にかぎらずみな宇都宮氏の支配下に入る、ということである。また、宇都宮の支配にかかわる役人として、「奉行人」がおかれていたことがわかる。

京・鎌倉に献上する馬について、到着の期日がわからないので、当日になって馬を引く労働者を呼び集めようと思っても、住んでいる場所が遠いときには時間がかかって不都合である。そこで今後は、宿・上河原・中河原・小田橋の四つの宿が順に当番をつとめ、それぞれの宿の責任で馬の引き手を用意しておき、奉行人の指示にしたがって役目をはたすようにせよ。

馬の産地である奥州から、幕府や朝廷などに献上するための馬が、宿から宿へと順送りに引かれていき、街道筋の宇都宮もその経由地だったのである。隣の宿まで馬を引いて届けるための引き手を、四つの宿が交替で常時用意しておき、いつ馬が到着しても大丈夫なようにしておけ、という条文である。

この条文と似た内容の幕府の『追加法』が、文暦二年（一二三五）に出されている。それは、鎌倉と諸国との緊急連絡にあたる「早馬」に関するものである。早馬は、幕府の使者が宿ごとに用意された馬を乗り継いで目的地に向かうのであるが、馬を用意する当番の者が宿から離れたところに住んでいると、いちいち使者がそこまで行って催促することになり、時間がかかってしまう。そこで、今後は、宿のなかに馬を用意しておくように、という条文である。

幕府法は馬そのものの用意、『式条』は馬の引き手の用意であるから、幕府法を取り次いだものではないが、宿から遠いところから調達するのは不便だから、宿に用意しておくように、という部分は似ている。幕府法に「当番の者」と書かれていることから類推すると、宇都宮の馬の引き手も、もとは郊外の村の住人が当番制でつとめており、当番の者が遠くの村に住んでいると不便なため、宿に常置する方法に変えられたのだろう。

意外な人が犯人

所領内の市での『迎買《むかえがい》』を禁止する。そのため、交替で奉行人に監視させることにする。もし違反の者がいれば、奉行人がリストを作成し、それにしたがって処罰する。

「迎買」とは、市での取引の前に、商人から品物を安い値段で買い取ってしまうことで、違法行為であった。鎌倉においても、幕府法によって迎買は禁止されていた。市が開かれる日が決まっていたので、奉行人が順番で監視にあたるようにしたのである。

市での『押買』を禁止する。被害を受けた商人は、犯人の名を隠さずに告げるように起請文を書かせたところである。さらに、宇都宮一族の方々にも通達している。このうえ、さらに違反する者がいれば処罰し、もし身分の低い庶民であれば、捕らえて市でさらし者にする。

「押買」は、市で商人から強引に品物を安値で買い取る行為で、「迎買」とほぼ同じである。押買は、鎌倉や豊後府中でも禁止法令が出されていた犯罪で、「市の平和」を乱すものとして広く禁止されていた。ところが、この条文によれば、被害を受けた商人が「押買」の犯人の名を隠して奉行人にいわないことがあるという。それは、犯人が社会的地位の高い者であるからで、その権勢に遠慮したり、報復を恐れたりして、奉行人に正直に告げないのである。この条文を「宇都宮一族にも通達した」、とわざわざ書いていることから、社会的地位の高い犯人とは、ほかでもない宇都宮氏の一族であることがバレバレである。

被害者側の商人にも、「正直に犯人の名をいいます」という内容の起請文（神仏にかけて誓う文書）を書かせて、摘発への協力を強制している。それでも違反した身分の低い者は市でさらし者にされるが、宇都宮一族が違反したらどんな処罰を受けるかは、はっきりとは書いていない。法令をつくった宇都宮景綱も、どうしたものかちょっと困ったにちがいない。

神社に仕える下級の職員が、自分で市での商売を行うことを禁止する。身分の低い庶民が生活のために商売をすることを制止することはできないが、神社に仕えながら商人の仲間に加わること

は、神社の体面を汚すものであり、実によくないことである。そのような者は、永久に神社から追放する。

宇都宮の市で活発な商売が行われていたので、宇都宮明神に仕える者のなかには、自分も商売に乗り出して利益をあげ、商人を兼業しているような者もあった。神官のトップでもあった宇都宮氏としては、神社に属する者が身分の低い商人と同じような活動をすることは、「体面を汚す」もので我慢できなかったのである。しかし、この条文で商売を禁止しても、市の商売がもうかることを知ってしまった下級の職員のなかでは、こっそり商売をする者はなくならなかったであろう。

どこにでもある犯罪

賭博の禁止は、『御式目』の定めるところであり、その罪は非常に重い。それにもかかわらず、違反者が出てくる。そのような者は、厳重に処罰する。

ここでの『御式目』は、正確には『御成敗式目』のことではなく、幕府の『追加法』のことである。幕府の『追加法』を受けて出されたこの条文も、所領内一般を対象にしており、宇都宮に限定されるものではない。ただ、鎌倉や豊後府中のところで述べたように、都市でとくに目立つ問題であり、宇都宮氏の一族や家臣が多く住む宇都宮を強く意識して定められた条文である。

人身売買を禁止する。このような法令は、宇都宮の領内にかぎったことではない。それでもなお、売買があるという。そのためにあちこちで訴訟が絶えない。この法に背く者は、所領内から完全

に追放し、仲介した者も同罪とする。

これもはっきりとは書かれていないが、幕府法の影響を強く受けて定められた条文である。人身売買もまた、都市において目立つ犯罪であった。

これまでみてきた『式条』に記される「都市宇都宮の掟」からは、全体としては商業活動の統制と、都市の治安維持を目指したものが多いことがわかる。それに、道・橋の整備や円滑な馬輸送の準備などの条文が加わって、宇都宮氏の統制のもと整然と人々が動く、平和でシステマチックな都市、の実現を目指しているようにみえる。

下総結城氏と『新法度』

戦国大名の本音

続いて、時代をぐーっと戦国時代までくだって、戦国大名の出した「都市の掟」をみてみることにする。とりあげたいのは、下総《しもうさ》国結城《ゆうき》（現在の茨城県結城市）を拠点とした結城《ゆうき》政勝《まさかつ》が弘治二年（一五五六）に出した、『新法度《しんはっと》』という法令集である。

『新法度』は、戦国大名が自分の支配領域に出した法令集、いわゆる「分国法」の一つである。オリジナルは残されていないが、写しが伝わっており、『結城氏新法度』という題名で佐藤進一・池内義資・百瀬今朝雄編『中世法制史料集　第三巻　武家家法Ⅰ』に全文翻刻されている。本書ではおもにこれによることにするが、『日本思想大系21　中世政治社会思想　上』にも全文と用語解説が載っているほか、『結城市史』には現代語訳が収められており、これらも参考にした。

結城氏は、織田《おだ》・北条《ほうじょう》・上杉《うえすぎ》・武田《たけだ》・毛利《もうり》などの大物クラスとくらべると、戦国大名としてはあまり有名とはいえないかもしれない。しかし、結城氏の先祖は下野国《しもつけ》（現在の栃木県）の大豪族小山氏の一族で、鎌倉時代以来の北関東の超名門武士であった。室町時代に一時期衰退するが、戦国時代には下総（現在の千葉県）北部・常陸《ひたち》（現在の茨城県）南西部・下野（現在の栃木県）南部にまたがる地域を支配して、佐竹氏や北条氏と対抗していた。結城の町は中世には下総国に属していたが現在は茨城県になっていて大変ややこしいのだが、結城氏の勢力範囲自体が現在の千葉・茨城・栃木の県境をまたぐような地域に広がっていたのである。

『新法度』は、法令集制定の趣旨を述べた「前文」と、一〇四ヵ条の「本文」、二ヵ条の「追加」とから構成されており、最後には法令を守ることを誓った十五人の家臣たちの署名がある。内容は、戦国大名の分国法としては標準的なものであるが、スタイルは少々ユニークで、制定した結城政勝の個人としての感情が色濃く反映されており、まるで家臣に宛てた手紙のようであるとの指摘もあるくらいだ。逆にいえば、それだけ戦国大名の本音がみえるはずで、研究する立場からいえば抜群におもしろい素材なのである。

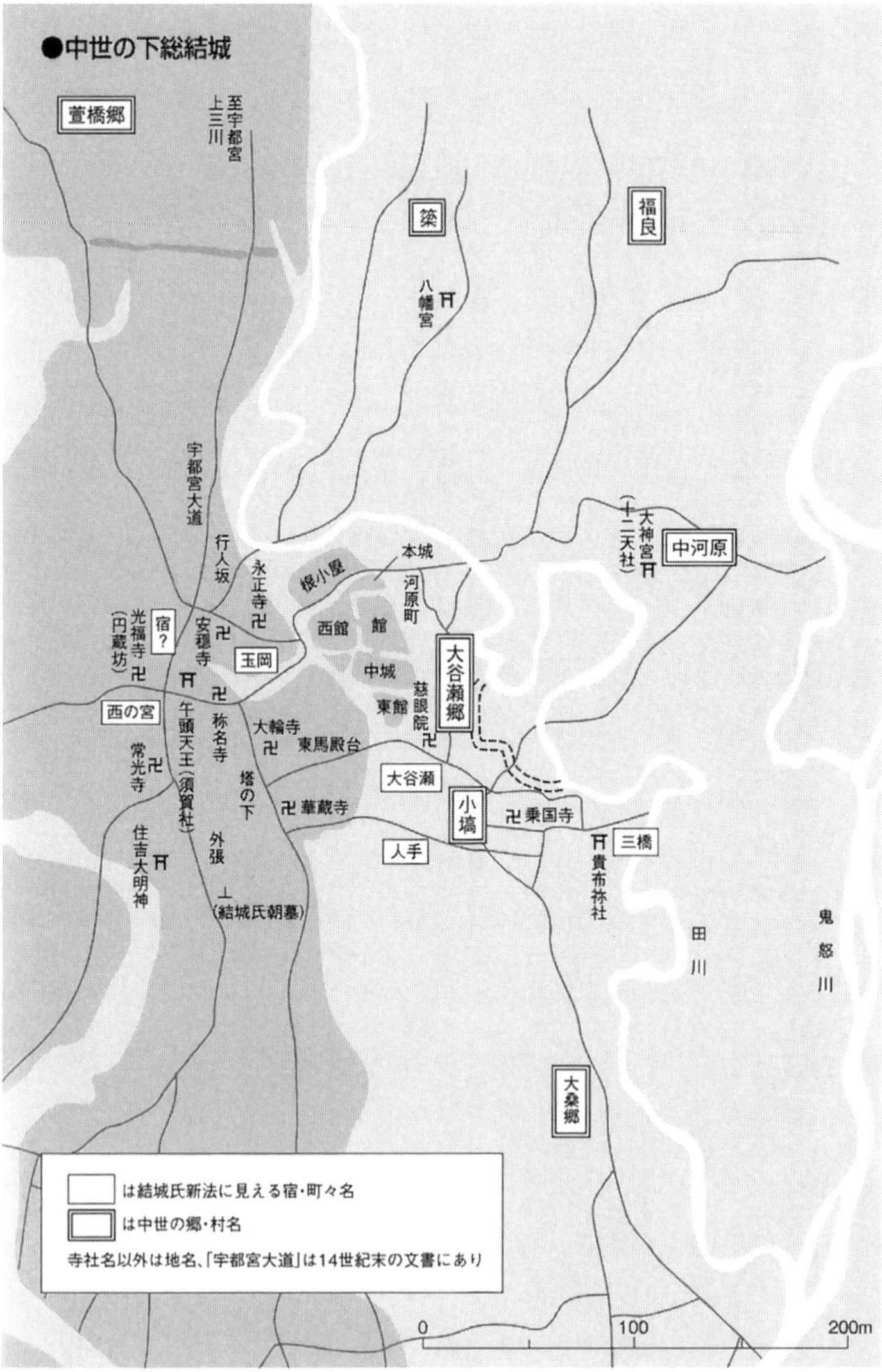

市村高男『戦国期東国の都市と権力』(思文閣出版, 1994) 掲載図をもとに作成.

軍事的な都市

『新法度』が出された対象は、さきに述べたような結城氏の勢力範囲全体ではなく、結城氏の直接支配がおよぶお膝元の地域に住む家臣たちにかぎられた。したがって、『新法度』にみられる町や市に関する法令は、おもに城下町結城についての条文とみてよい。以下、結城についての「都市の掟」を具体的にみていくことにしよう。

まず、『新法度』からわかる城下町結城の構成は、以下のようである。都市の中心となる結城城は、「実城《みじよう》」と呼ばれる本城の部分と、その周囲の「館《たて》」・「中城《なかしろ》」・「西館《にしたて》」と呼ばれる曲輪《くるわ》からなっていて、曲輪の部分には家臣たちの屋敷もあった。城の南側には、「宿」・「西の宮」・「三橋」・「大谷瀬《おおやせ》」・「玉岡」・「人手《ひとで》」という六つの町が、それぞれがやや離ればなれの感じで存在していた。

さて、戦国時代になると、城を中心として敵への防衛を考えた、いかにもいかにも城下町っぽい「都市の掟」が登場するのである。その代表的なものとして、『新法度』には次のような条文がある。

「実城」でほら貝が吹かれたからといって、なにも考えずに手当たりしだいに駆け出すのはよくないことである。ほら貝が吹かれたならば、それぞれの町に集合し、手下一人を実城に走らせて、どこに行くべきかを尋ねてから駆けつけるように。実城で大きなほら貝の音がしたときは、結城の外での事件と思い、小さなほら貝の音がしたときは、結城の内部での事件と心得てその用意をせよ。今後はこのようにすること。

城下のそれぞれの町が、非常時に出動する場合の拠点となっていて、本城の「ほら貝」を合図に、町単位で行動するように定められているのである。もちろん、中心となるのは町に居住する家臣（武士）であるが、場合によっては、そのほかの住人も含めて町ぐるみで動員されることになったのかもしれない。軍事拠点としての城下町の性格が、よくあらわされている。

門番は責任重大

日常的にも結城の町は警備が厳しくされており、城の周囲の曲輪や町には、それぞれ木戸と門がおかれて、夜はそれらを閉めるようになっていた。町の木戸・門に関しては、次のように決められている。

個人の屋敷のなかで盗みなどが起きたことについては、まったく番衆の知ったことではない。それはべつとして、町の門や木戸を開けたり橋をかけたりして、盗人が外に逃げた場合は、その夜の番衆は盗人に協力したか、職務を怠けたかであるから、その夜の番衆を処罰する。「中城」・「西館」においても同じである。

夜になると、町や曲輪の出入り口にある木戸や門が閉じられ、橋（簡単な板橋であろうか）は外されて、番衆（番人）が見張りについて、不審な人物が出入りすることを防ぐ仕組みになっていた。最初にわざわざ「個人の屋敷の盗みなどについては番衆の知ったことではない」などというのも変な感じであるが、「屋敷の警備はそれぞれが自己責任でやればよいのだから、番衆はそんなことより、しっかりと出入りを見張ってくれよ」という、法を制定した結城政勝の気持ちのあらわれである。もし番衆が勝手に出入り口を開けてやるようなことがあって、その夜に盗みがあったら、番衆を処罰する、という内容である。寮の門限破りのように、夜になってこそこそと帰ってきて「ちょっと頼むよ」と、番衆に頼んで開けてもらったりするような例がちょくちょくあったから、こんな決まりができたのであろう。ただ、夜に町に忍び込むのは、寮の門限破りのような微笑ましいことではなく、命がけの行為であったことが、次の条文からわかる。

夜中に人の屋敷の木戸や垣を乗りこえたり切り破ったりして入り、討たれた場合は、文句をいってはいけない。どうせ盗みか、ほかの悪事を企《たくら》んだのであろう。いずれにせよ、悪い報いを受けるような行為であるから、討たれても「死に損」ということである。さらに、町の木戸・門を乗りこえて討たれた者は、善悪を論ずるまでもなく、悪盗・悪逆人である。一切の弁解は聞き入れない。

町の木戸・門を乗りこえようとして討たれた者は、問答無用で「悪盗（悪党＋盗賊？）」・「悪逆人」だ！とまで決めつけられている。それだけ、町の木戸・門をこっそり乗りこえることは重大な犯罪であったのだ。べつの側面から考えると、木戸・門の番衆は、ひそかに出入りしようとする者をみつけたら、討ちとる覚悟がなければならないわけで、臨戦態勢で臨むことが求められていたことになる。番衆の職務は、なかなか責任重大である。

番衆の割り当て方はよく考えて

軍事的な性格の強い城下町では、木戸・門の番衆の職務が重要だったことがわかったが、どのように割り当てるかについての条文も、『新法度』のなかにみられる。番衆の責任については、まるで脅迫するかのように、思い切り「上から目線」の政勝であったが、どのように番衆を割り当てるかについては、一転して家臣に気をつかって、細かいところまで慎重に決めている。

各町や中城・西館に共通して、夜の門番の割り当て方は、次の三ヵ条についてどのようにすればよいと思うか。そなたたちの意見を一つにまとめて申し上げよ。その意見のとおりに、末永く決めることにする。

一、各町に住む者を書き出して、全員に割り当てるのがよいか。
一、屋敷が狭くても広くても、屋敷一軒につき、一回の番を割り当てるべきか。
一、屋敷を持っていなくても土地を持っている者は、屋敷持ちに準じて一回の番を割り当てるべきか。また、屋敷が一つであっても、二棟の建物に住んで入り口が二つあったら、二回分の番を割り当てるべきか。

大切な番衆を迷惑がって、あちらこちらと押しつけあうので、そなたたちで意見をまとめて決定せよ。その結果をこの法令集に書き載せることにする。そのように尋ねたところ、「町の屋敷一軒ごとに割り当て、また屋敷は持たなくても土地持ちは番衆をすべきだ」と申した。異論はな

いので、今後はそのようにせよ。

この法令は、家臣と相談して内容を決めるまでの経緯をそのまま記すという、かなり特殊な、法令としてはまことに不思議なスタイルのものとなっている。「これだけよくよく考えて決めたのだから、お前たちも責任をもってしっかり番衆を手配してくれよなー」と、政勝が家臣たちの顔色をうかがっている様子と、この「番衆システム」とでもいうべき仕組みがうまく作動することを心から願う、政勝の率直な気持ちがみてとれる。

この条文は、戦国大名といっても逆らうことができないような独裁者だったわけではなく、家臣たちの同意を得なければものごとがスムーズに進まない場合もあったことを示している。そして、政勝にとって「番衆システム」は、それだけの気配りが必要な重大な事がらであって、城下町結城の防御の中心に位置づけられていたということなのだ。町や曲輪のなかに屋敷や土地を持つ者は、みな順番に木戸・門の番衆を務めさせられ、町ぐるみの夜間警備が義務づけられていたのだ。いかにも戦国時代の城下町らしい、総動員体制である。

全員参加の木戸修理

木戸や門は、結城の町を守る大切な設備であったから、その修理についても、次のようにべつの条文で定められていた。

宿・西の宮・三橋・大谷瀬・玉岡・人手のいずれの町でも、木戸・門や橋が壊れているのに、み

なが目くばせしあって修理しようとしないならば、武士・その家来・寺の門前もふくめて一律に負担金を課して修理すべきところだが、それは難しいところである。そこで、その町に住む武士がさきに立って、町内の全員を呼び集めて、とどこおりなく修理せよ。西館・中城の曲輪においても同じである。修理に出るべき者のなかに、もし動員にしたがわない者がいれば、隠さず報告せよ。その者は、城内を狙う者か敵に内通する者とみなすべきであるから、屋敷・土地を没収し、修理に奔走する者に与える。そのときになって、「この者は私の親類縁者なので」とか「私の部下なので」とか、例によって無理にこじつけて、その者の赦免を嘆願してはならない。嘆願した者も本人と同じく処罰するので、心得ておくように。

町や曲輪の木戸・門と橋について、修理を主導すべき者と修理に参加すべき者、さぼった者への処罰を定めた条文である。重要なことがらだけあって、かなり念入りに、というか「くどくど」と、記されている。近くの者が自主的に修理するのを待っていてもお互い示し合わせて知らぬ顔をするので、**「一律に負担金を課して修理すべき」**といいながらも、やっぱり「それは難しい」ともいっていて、強気なのか弱気なのかよくわからない。政勝が法令のなかで自問自答しているような、『新法度』らしい（?）、あまり公的な感じのしない条文ではある。

そして、該当する町や曲輪に住む武士が指揮して、そのエリアの住人全員を動員して修理するように、と命じている。木戸・門の事例ではないが、鎌倉時代の宇都宮でも道や橋については、同じように、修理すべき場所の近くに住む武士が、住人を動員して修理することになっていた。どうやら、都市の交通施設を修理するとき実際の費用と労働は、公権力が面倒をみてくれるのではなく、付近の武士と住民が負担する、というのが中世を通じての原則だったようである。

法令の後半は、修理工事への参加をさぼった者への処罰についてながながと記されており、ご丁寧にも赦免を嘆願する者がいた場合のことまで定めている。「例によって」無理にこじつけてもダメだ、と念を押しているところをみると、親類だからとか、なんだかんだといっては無理を通そうとする家臣がしょっちゅういたようで、政勝のうんざり顔が思い浮かぶようである。「**嘆願した者も本人と同じく処罰する**」というあたりでは、政勝、ほとんどブチ切れ寸前、という感じ。まあ、修理に全員を参加させるということは、かなり大変なことなのである。

実は、結城の町の住人が動員されたのは、木戸・門・橋の修理のときだけではなかった。人数を決めて動員がかけられる場合については、次のような法令がある。

町々の工事や城の堀・築地塀《ついじべい》・壁の工事のために、人数を決めて町に割り当てたとき、そなたたちの下人や寺の門前の者であっても、工事に出てこなかったら、きつく命じて参加させよ。町のほうから、それらの者の免除を嘆願してもいけない。前もって下々《しもじも》に命じておくように。

城の堀・築地塀・壁の修理工事にも、町ごとに人数を割り振って、住人が動員されたのである。「町々の工事」とはどのようなものか、具体的には記されていないが、おそらくは道や溝の修理がそれにあたるのであろう。武士の下人や寺の門前の者のように、優遇されることが多い住人についても、工事の参加を免除してはいけないとしている。この法令の場合は、町の全員ではなくかぎられた人数の動員ではあるけれども、町を単位として負担がかけられているので、やはり町をあげての工事参加という性格が強い。

商売は公正に

ほかの支配者と同様、結城政勝も「市の平和」の実現には心を砕いた。市場での取引についての条文が、『新法度』のなかにいくつかみえている。以下、順番にみてみよう。

結城の祭礼や市場で詐欺・押買、そのほかの不正をはたらいて、下人や部下が討たれたときはいうまでもなく、結城の家中・小山周辺の武士が結城の祭礼・市場で不正をして討たれたり、また他所の祭礼・市場で結城の者が不正をしたりして討たれた場合でも、だれもそのことに関して抗議してはならない。

神社の祭礼の場には、人が多く集まるので、臨時の市が立って取引が行われた。そのため、祭礼についても市場と同時に法令の対象とされているのである。詐欺や無理矢理買い取るなどの不正をはたらいたあげく、討たれてしまった者は、たとえだれであっても抗議を受けつけない、つまり殺されても仕方ない、という内容である。したがって、「市場の商売で、不正をするなよ」ということになる。

市場や祭礼の場に、結城氏の奉行を置くことにする。どのような不正についても、奉行がその者

への処罰をする。奉行に任じられてもいない者が、脇から犯人に斬りつけたり衣服・持ち物をはぎ取ったりすれば罪とするので、心得るように。

商売の不正取り締まりのために、市場や祭礼の場に「奉行」を派遣する、という法令で、政勝が「市の平和」に特別に気をつかっていたことがわかる。また、不正がみつかった際に、奉行でもないのに「けしからん！　これはとりあげる！」とかいって犯人を懲《こ》らしめるふりをして漁夫の利を得ようとする知能犯もいたことがうかがわれる。上には上がいるもので、奉行に任命された者は気の休まる暇もなかったことだろう。

だれであろうと、自分のところの盛《さか》りを願うものである。当地の祭礼や市場の開かれる日に、たとえどのような理由があるにしても、だれであろうと「質取《しちとり》」をしてはならない。もし実行したら、善悪の判断はせずにただちにその貸借関係を破棄する。

誰だろうと自分の「ところの盛り」（ところの繁栄）を願うものだという、つぶやきのような、言い訳のような文から始まる法令である。内容は、結城の市場での質取を禁止するものである。「質取」とは、借りたもの（金や米など）を返さないからといって、貸した側が、借主本人やその関係者の身柄や物品を差し押さえてしまう行為である。場合によっては、借り主と同じ町に住んでいるから、という理由だけで強制連行されてしまうことすらあった。質取された者にとっては、とんでもなく迷惑なことで、おちおち商売などしていられない、ということになる。中世では、支配者が目を光らせてそうした不安を取りのぞくことが、「市の平和」を実現するということになり、とどのつまりは「ところの盛り」につながるのであった。

酒の分量をごまかすな

商売の不正をなくそうとする『新法度』の姿勢は、より細かいところにもむけられていた。次にあげるのは、酒売りの不正を禁止するものである。

徳利《とつくり》や壺は昔から分量が決まっているものであるのに、酒売りどもは少なく注いで売っている。まことにあまりにもけしからぬ「盗人」なみの行いである。役人は調べ上げて、そのような者には酒造りをさせないようにせよ。もしまた造ったならば処罰する。一切の販売行為において、勝手なことをする者があれば、役人は聞きただして罰金を科すように。そのとき、脇から弁護をしてはならない。

酒の分量をごまかして売る業者がいるので、役人に調べさせて営業停止の処分をする、という法令である。「あまりにもけしからぬ『盗人』なみの行い」とまで罵倒《ばとう》しているところをみると、いい加減な商売がよほどはびこっていたのであろう。処罰しようとするとまたまた家臣がでしゃばってきて、赦免のために嘆願するという有り様で、つくづく中世というのは人間関係の濃い社会だなあと感じさせられる。

さらに、町では米の価格も役人が定めていた。

町での兵糧米の値段や升の大きさは、役人が決めているのに、村々においては自分たちで勝手に値段や升の大きさを決めている。違法なことである。このような村は、役人が聞きただして罰金を科すことにする。

この法令の目的は、結城城下ではなく郊外の村々で、値段や升の大きさがばらばらであることをやめさせようとするところにあるのだが、その前提として、町では米の価格や升の大きさが役人によって決定されていたことがわかる。

以上のように、城下町結城では、商人が公正な販売を行うようにと、かなり神経をとがらせていた。商人のなかには少しでも利益が出るようにと必死で詐欺すれすれの商売をする者があり、いっぽうの結城氏の側は、自分のお膝元の都市で公正な取り引きを実現し、その評判を聞いたまっとうな商人がさらに集まってきて、城下が栄えることを期待したのである。

寺社の木を守れ

次は一転して、家臣の勝手な行いを禁ずる法令。

町々についてはいうまでもなく、村々においても、たとえ支配地であるとしても、勝手に自分のために寺社の大木をめったやたらと切ってはならない。第一に、切った本人が神罰を受けることになり、さらには家中が衰退するもとになる。明日からは、寺社の必要があって切る場合は、そのように報告をして切るようにせよ。各人がよく心得るように。

この法令は、結城の町だけでなく村々も対象とするものであるが、とくに町については「いうまでもなく」ということで、厳しい取り締まりがはかられていた。内容は、寺院・神社の大木を勝手に切ることを禁止するというものである。村々は、一応家臣たちに分け与えられた支配地であるから、家臣たちの判断が入り込む余地があるが、城下町は結城氏直轄地であるから、それこそ主人に断りなく大木を切ることが許されないのは、「いうまでもない」のである。

さて、この法令は、現代の感覚から想像されるような、自然保護もしくは環境に配慮するという目的ではなく、寺社の聖なる空間を守ろうという目的で立法されている。寺社を大切にするということは、中世の支配者には必要不可欠の行為であって、お膝元の城下町で寺社の大木が勝手気ままに切り倒されるようでは、支配者の体面が傷つけられることになるのだ。

次に、同じく家臣の勝手な行いを禁止する法令のうち、町なかの屋敷にかかわる法令をあげてみる。

屋敷・土地・山・野のいずれについても、結城氏からの正式な文書をもらわずに、「いただいた」などというのは違法である。このところ、じっと様子をみてみた。自分の親類・部下などが死に絶えて無人となった屋敷に、なに食わぬ顔で人を入れ、結城氏の調べがないのをいいことに、まるで知らぬ顔でそのまま所持して「これは私の屋敷」などと言い張る。たとえ地続きの土地・屋敷であっても、結城氏が与えていない屋敷・土地は、自分のものと思ってはならない。文書をもらい、結城氏から正式に与えてもらうように。文書がなければ、正式に申請していないということ

とである。とくに、館・中城・西館・宿などの屋敷は、広くても狭くても、以前別人が所持していた分は、同じような手続きを経て分け与えることにする。文書をもらって、正当な権利を得るようにせよ。

持ち主の死去などによって、屋敷や土地が無人となった隙《すき》を狙って、隣の住人などがそのまま占拠してしまうことを禁止するものである。結城の土地・屋敷は、原則として結城氏から分け与えてもらうもので、持ち主がいなくなったら、理屈としてはいったん結城氏の手に帰され、あらためて文書によってべつの家臣に与えられるべきものなのである。ところが、結城氏の側もすべての土地・屋敷には目が届かないため、勝手に自分のものにしてしまう家臣がいたのだ。

この法令も、町だけでなく周辺の野山までを対象としたものではあるが、「特に、館・中城・西館・宿などの屋敷」と記されていることから、城下町の中心部を強く意識していることは間違いない。「館・中城・西館」は、城のまわりの曲輪、「宿」は、城下の六つの町のひとつである。中心部の屋敷は、場所としては便利で人気も高く、なんとか手に入れようとする者が多かったのだ。

命がけの大騒ぎ

最後に、いかにも戦国時代らしい（?）荒っぽい話をとりあげてみよう。

町々をはじめ村においても、末世だからであろうか、それとも結城には下々まで悪逆人が揃っているからであろうか、近年は七月の大騒ぎや端午《たんご》の節《せっ》句《く》に「棒打《ぼううち》」が起こる。まことに重大なこ

とである。よくよく言いつけてやめさせよ。それを聞かずに大騒ぎのあげくに棒打をして、万一死ぬことになってもそれは死に損、さらに武士やその下人も容赦なく、棒打をした町に罰金をかけ、きつく取り立ててその金で寺院・神社を建てさせることにする。前もって心得ておくように。どうせならば、棒打そのものが起こらないほうがよいのだが。

「末世だからであろうか、それとも結城には下々まで悪逆人が揃っているからであろうか」とぼやいてみたり、「どうせならば、棒打そのものが起こらないほうがよいのだが」と半分なげやりなところをみせたり、例によって「政勝節」がたっぷり盛り込まれている。端午の節句や七月の大騒ぎの際に起こる、「棒打」というものを禁止した条文である。

七月の大騒ぎというのはよくわからないが、疫病よけや風害よけのために、大騒ぎをする風習があったのであろうか。「棒打」は、人々が棒を持ってたたきあう大乱闘のようなものと考えられ、集団的興奮状態のなかから起こる馬鹿騒ぎの一種である。中世には、祭礼の興奮状態の延長として、または社会不安が高まっているときに自然発生的に、集団で石を投げ合う石合戦のようなものが起こり、「飛礫《つぶて》」と呼ばれた。棒打は、この飛礫によく似ている。

そうはいっても、棒で打ち合っての大乱闘であるから、死人・けが人は出るし、どんな騒ぎに発展するか予測もつかない。支配者としては、見過ごすわけにはいかないのであり、「死んでも死に損で、知らないぞ」とか、「もし棒打をしたら、町全体から罰金をとるぞ」と脅かしているのである。しかし、どうやら家臣たちも参加しているようであるから、うまく禁止することができるのかは、政勝自身も半信半疑で、「罰金あたりで手を打つしかないかな」という感じでチラと弱気な面がのぞいている。

あるいは棒打は、戦国時代の都市民たちの少々荒っぽいストレス発散法であって、都市を支配する結城政勝も「世も末だ」といって嘆きつつも、人々の不満のガス抜き手段として、大目に見ざるを得なかったのかもしれない。都市を平穏・平和に保つことは、支配者の務めであったが、それを実現するためには、さまざまな規制を設けなければならなかったのである。

第三章　道路掃除の掟

道路へのこだわり

道のある日常

ここまで読んでこられた読者のみなさんは、「武士がつくった都市の掟って、道路に関する掟が多いなあ」ということに気づかれたのではないだろうか。都市の掟を通じて明らかになる「道路へのこだわり」こそが、中世の武士が都市を支配するときの大きな特徴であった。

たとえば、すでに述べたように、鎌倉時代の鎌倉では、幕府から「**家の前の大路を掘り上げて家屋をつくることを禁止する**」とか、「**家の〈のき〉を道に差しだしてはいけない**」とか、「**町屋をつくって道を徐々に狭くするな**」とか、実にこまごまとした道に関する法令が出されていた。

おまけに幕府は、辻での相撲《すもう》を禁止したり、道を通行する人々の服装・乗物をやかましく規制したり、まるで道という場に都市の秩序と平和がすべて象徴されているかのようなこだわり方であった。

同じく鎌倉時代の大友氏が出した豊後府中の法令にも、「**田畑をつくったり、家を建てたりして大路を狭くすることはまことに勝手なことであり、通行事に命じてやめさせよ**」というものがあった。宇都宮氏もまた、「**道路や橋は、近くの住人が維持・修理するように**」と命じていた。

さらに、これまでにとりあげていない幕府の『追加法』のなかにも、まだ道路に関するものがある。それは、寛元三年（一二四五）に出された法令で、「**鎌倉の住人が『道をつくらない』というようなことがないようにせよ**」と保の奉行人に命じるものであった。「道をつくる」とは、新しく道をつくることではなく、道を整備・修理することである。日常的な道路の保全が、保の住人に義務づけられていたのである。

戦国・大内氏の掟

戦国大名もまた、道路にはこだわっていた。戦国大名が自分の支配領域に出した法令集、いわゆる「分国法」のなかから、いくつかとりあげてみよう。なお、以下で触れる戦国大名の法令集は、とくにことわらないかぎり、いずれも佐藤進一・池内義資・百瀬今朝雄編『中世法制史料集　第三巻　武家家法Ⅰ』によっている。

まずは、中国・九州地方の有力大名であった大内氏の法令集、『大内氏掟書《おきてがき》』というものをみてみたい。『大内氏掟書』は、『大内家壁書《かべがき》』などとも呼ばれ、代々の大内氏から出された個別の法令を、ある時期に一つの法令集としてまとめなおしたものである。大内氏の命令を受けて家臣が編集したものとみられ、明応四年（一四九五）八月ごろに原形ができあがったと推定されている。

『大内氏掟書』に収録されるもっとも古い法令が、長禄三年（一四五九）に支配地域全体を対象に出された、七ヵ条の禁止法令である。そのうちの前半三ヵ条が、道路における治安維持に関するもので、「**夜中に大路を通行することを禁止する**」、「**辻相撲を禁止する**」、「**道路において女性を捕まえることを禁止する**」といった内容であった。

一つめの「大路の夜間通行禁止」は、これまでにみた法令にはなかった条文であるが、夜間にウロウロする連中が警戒されたことは鎌倉時代でも同じで、「警備のために夜回りを務めるように」という幕府の掟が鎌倉の住人に対して出されたことはすでに述べた。大路の通行禁止ではないが、多少似ている法令が、鎌倉時代の宇都宮で出されている。それによると、神社の旅所に夜間宿直することが、犯罪に結びつくものとして禁止されている。

二つめの「辻相撲」、つまり辻で突発的に発生する相撲大会も、鎌倉幕府の『追加法』で禁止されていた。また、三つめの「路上での女性誘拐」についても、鎌倉幕府は、『御成敗式目』や『追加法』によって、女性を辻で誘拐する行為を「辻捕り」と呼んで禁止していた。これをうけて鎌倉時代の御家人大友氏も、「辻捕り禁止」を『新御成敗状』のなかに取り入れていた。

このように、大内氏の道路に関する禁止事項は、鎌倉時代、とくに幕府の法令の影響を強く受けていることがわかる。武士の道路についてのこだわりが、時代を越えて引き継がれているのである。

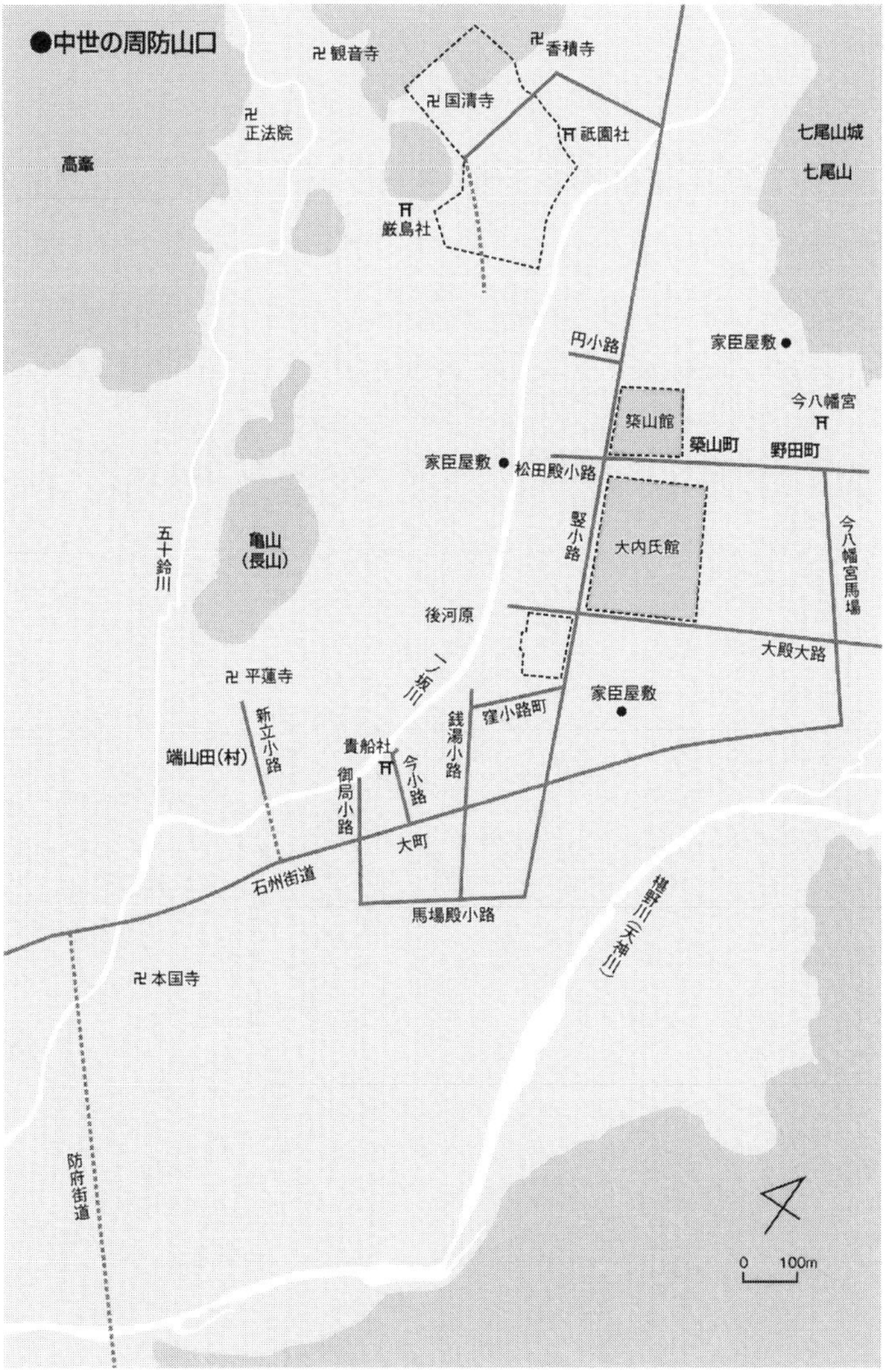

山村亜希『中世都市の空間構造』（吉川弘文館，2009）掲載図をもとに作成.

なお、長禄三年の大内氏の七ヵ条は、支配領域全体を対象にしているものであるから、本拠の都市である周防《すおう》国山口（山口県山口市）を直接の対象とした掟ではない。しかし、お膝元の山口が対象にふくまれていたことは確実で、右にあげた道路関係の三ヵ条が、山口をとくに強く意識して決められたことは間違いない。

この点で参考になると思われるのが、『大内氏掟書』のなかの、文明十八年（一四八六）に出された五ヵ条の禁止法令である。この法令では、さきの法令を受けて「**夜中に大道を通行することを禁止する**」を冒頭に掲げるほかに、「**路上での夜の念仏を禁止する**」という条文がふくまれている。そして、そのほかの三ヵ条は、「**虚無僧《こむそう》・放下僧《ほうかそう》（芸能を披露してまわる下級の僧）・猿回《さるまわ》しは、当所と近郊の里から追いはらうように**」、「**職人や大内氏家臣の家来をのぞき、他国の者が当所に寄宿することを禁止する**」、「**巡礼者は、当所の逗留は五日間を過ぎてはいけない**」というもので、「当所」という特定の場所が対象になっていることがわかる。これだけ神経質に人々の出入りを制限しようとしている「当所」とは、大内氏の本拠である山口のほかには考えられない。

まわりくどくなったが、やはり「大路の夜間通行禁止」などの道路関係の法令は、都市山口をおもな対象とした掟ということになる。さらに、翌文明十九年（一四八七）には、「大路の夜間通行の禁止」についての施行細則のような法令が出されている。この法令には、夜中の道路通行を禁止する対象を、五ヵ条にわたってしめしている。それは、「**槍《やり》・弓・矢を持っている者**」、「**笠《かさ》・羽織《はおり》・十徳《じっとく》を**

身につけた者や、風変わりな服装をした者」、「**寺社に参詣するという者**」、「**ほおかぶりをした者や、下着姿の者**」、「**笛や尺八、歌を演奏する者**」であった。そして、「**大内の家臣やその家に仕える者は、奉公で忙しいので、男女を問わず、深夜に通行していてもかまわない**」と定めている。大内氏の家臣たちが奉公のために頻繁に往来するところといえば、当然のことながら大内氏の本拠地である山口、ということになる。この法令からも、『大内氏掟書』の道路関係法令は、山口をおもな対象としていたことがわかる。

さて、右の法令では、最後に「**以上のことを、夜回りの者はよく承知しておくように**」と書かれていて、山口では夜間通行者の取り締まりのために「夜回り」が実施されていたこともわかる。『大内氏掟書』のなかには、年代はわかっていないが、夜回りの当番表というものも残されている。これは、一番から十番までの班をつくって、それぞれの班に大内氏の家臣から二人ずつを籤《くじ》で選んで配属したものである。一番から十番まで、順番に何日間かを担当し、その日の当番にあたった二人の家臣が責任者となって、取り締まりにあたったのであろう。

伊達氏の掟

次に、東北の戦国大名伊達《だて》氏の法令集である『塵芥集《じんかいしゅう》』をみてみよう。『塵芥集』は、陸奥《むつ》国の桑《こ》折西山《おりにしやま》城（現在の福島県伊達郡桑折町）を本拠とした伊達稙宗《たねむね》が、天文五年（一五三六）に制定したもので、全部で一七一条におよぶ長大な法令集である。『中世法制史料集』のほかにも、『日本思想大系

21　中世政治社会思想　上』という本に、全文と用語の解説がのっている。『塵芥集』のなかの道路関係の条文としては、第一三六条と第一三七条（『中世法制史料集』での番号による）の二つの条文がある。まず、第一三六条は、

道や橋の修理は、軽いものは近くの住人が行うように。大がかりなものは、郷や村全体、またはそこを支配する武士の負担で行うようにせよ。それでも修理の費用が調達できない場合は、広くカンパを集めて修理をせよ。

というものである。鎌倉時代に宇都宮氏が出した「所領内の道路や橋は、近隣の住人に課して、便利のよいように修理・維持させるようにせよ。もし負担が重すぎる場合があれば、その経済状態にしたがって考慮する」という法令に似ているが、『塵芥集』ではより細かく場合わけされている。必ずしも都市にかぎった法令ではないが、伊達氏の道路へのこだわりが伝わってくる条文である。

次の第一三七条は、

公共の道路をむさぼり取って田畑にすることは、盗人と同じ犯罪である。よって、道の両側に面した土地を持つ地主は、左右どちらも、田畑の境となる畦の部分を引っ込めて、道の広さを一丈八尺にするように。

というものである。「道を狭めるな！」は、鎌倉時代の武士がさんざん法令にして、命令してきたことである。ここでは、道の広さを一丈八尺、つまり約五・五メートルにしろと、幅をきっちり指定し

ている点が目新しい。この条文も都市だけを対象にしたものではないが、戦国大名の道へのこだわりは十分にわかっていただけたと思う。

道路掃除はだれがするのか

鎌倉の道路掃除

こうした都市の支配者による「道路へのこだわり」が、もっともよくあらわれているのが、「道路掃除」に関する法令である。

そもそも、都市の道路掃除を命じたのは、中世の武士がはじめてではなかった。すでに古代の平安京において、朝廷から道路掃除を義務づける法令が出されている。弘仁十年（八一九）に、平安京内の道路掃除を、道に面した役所や貴族の家々が行うように命じ、掃除を怠けた者への罰則を設けた法令が出された（『類聚三代格《るいじゆさんだいきやく》』）。この法令の内容は、延長五年（九二七）に完成した、朝廷の法令全集である『延喜式《えんぎしき》』においても、基本的にそのまま受け継がれている。

中世に入ると、保元二年（一一五七）の新制、およびそれを受け継いだ建久二年（一一九一）の新制において、道路掃除をふくむ平安京道路関係の三つの法令が朝廷から出されている（『三代制符《さんだいせいふ》』）。それは、次のようなものである。

・京中で無人になった家を勝手に占拠したり、道路を耕して『巷所』にしたりすることを禁止する。
・京中の道や橋は、京職が監督し、そこに面した家の住人が掃除するようにさせること。
・病人や孤児を京中の道端に捨てることを禁止する。

古代から中世まで一貫しているのは、平安京内の道路掃除は、朝廷が役人を動員して行うのではなく、そこに面した家や役所に負担させていることである。建久の新制では、「京職《きょうしき》」という平安京を管理する役所がかかわっているが、あくまでも監督するだけで、実際の掃除は道に面した家々にさせているのである。

鎌倉幕府が鎌倉について出した道路関係の法令は、基本的には右のような朝廷の法令の影響を受けているようであるが、より細かく、よりしつこくなっていることは、すでにみてきたとおりである。以下では、これまで触れてこなかった、幕府が道路掃除について出した『追加法』をとりあげてみよう。

まず、建長三年（一二五二）に、「**小路の掃除をすること**」という『追加法』が出されている。この条文は、前に詳しく分析した「鎌倉中で町屋をつくってもよい場所を七ヵ所に限定する」という『追加法』に付属した条文であり、鎌倉の道が対象であることは明らかである。

このときには、もう一つ、「**牛を小路につないではいけない**」という法令も一緒に出されている。道路掃除とセットになっていることから考えると、ただ牛をつないでいると通行の邪魔になるということだけではなく、牛の食料や糞尿などが道にちらばっていると、道が不潔になるため、禁止されたのである。

ちなみに、ヨーロッパの都市では、牛ではなくおもに豚が問題となっていた。都市民が飼育している豚は、本来は豚飼いが毎朝都市の外へ追っていき、晩に連れ帰って持ち主に引き渡すものであったが、都市内の路上で放し飼いにされる豚も多かった。豚の放つ悪臭に対する苦情と不潔さがもたらす病気の危険性から、都市内での豚の放し飼いはしばしば規制されたのである。たとえば、一四一〇年のウルム市（ドイツ）の条例では、「豚を道に出すのは、昼の十一時から十二時までのあいだにかぎる」とされた。一三四八年のフランス国王の命令では、パリ市内での豚の飼育そのものが一切禁止されている。

鎌倉の道から牛が排除されたのには、さらに、家々の生活の裏側をみせるような牛の存在そのものが、道の美観をそこねるとして規制されたと考えられる。現代では、玄関先に自家用車をおいている家はごくあたりまえにみられるが、中世では馬をおく厩《うまや》や、牛車をおく車宿《くるまやどり》は、屋敷の裏側や脇にあるのがふつうだったからである。

次に、弘長元年（一二六一）の『関東新制条々』のなかの一つとして、「**鎌倉中の橋の修理と家々の前の道の掃除を、怠けることのないように実行することを、保の奉行人に命ずる。もし、実行されない場合は、担当の奉行人の罪とする**」という法令が出された。「保の奉行人に命ずる」とあるので、橋の修理と道の掃除を実際にするのは保の奉行人であると解釈することも可能であるが、わざわざ「実行されないときは奉行人の罪」としているのであるから、奉行人はあくまでも監督責任があるということである。鎌倉時代の宇都宮でも、道路や橋の修理は宇都宮一族や家臣に対して命じられ、それぞれが近隣の住人を動員して実行に移されたのであった。よって、鎌倉でも、保の奉行人が、それぞれの担当地区内の橋や道について、近くの住人を指揮して修理と掃除をさせるようにしていたのである。

人間を捨ててはいけない

『関東新制条々』では、右の法令に続いて、道端に病人などを捨てることについての法令が定められている。その内容は、「**病人、孤児、死骸を道端に捨てることを禁止する。病人や孤児を道端に捨てようとする者がいたら、みかけしだいにやめさせるように。もし密かに捨て置かれた場合は、保の奉行人の責任において無常堂へ送るように。人の死骸や牛馬の骨・肉は、捨てさせるように**」と、保の奉行人に命じるものである。

貧困や過酷な環境に苦しむ人々も多かった中世都市鎌倉の、悲惨な光景が伝わってくる条文である。「無常堂」とは、治るあてのない病人を収容するお堂で、「延寿堂」とも呼ばれた。道をきれいにする、という点でいえば、道端に捨てられた病人・孤児の処置も、広い意味で「道路掃除」にあたる。この場合も、実際に病人を無常堂に運んだり、死骸の片づけをしたりしたのは、保内の一般住人たちであったのだろう。道路掃除といっても、中世の道路掃除はなかなか大変なことであった。

掃除を見張る戦国大名

時代をくだって、戦国大名についてみてみよう。まずは、周防山口の大内氏の事例から。『大内氏掟書』に、文明十九年（一四八七）に出された次のような法令がある。

築山社《つきやましや》の門前から、松原および小門にかけての掃除は、毎月の月末日に行うように。掃除の人員は、一〇〇石につき一人ずつの割合で家臣から出すように。掃除の責任者と、各家臣の負担人数はあらかじめ決定する。もし当日風や雨で掃除ができない場合は、天気のよい日に延期する。

築山社とは、大内氏の「築山館」という館のなかにあった神社であるが、松原や小門についてはどのことかわかっていない。おそらくは、大内氏の館からさほど離れていない場所であろう。城下町山口の中心部の掃除を、家臣に命じて人を出させて、毎月一回月末の日に実施させていたのである。そのなかには、築山社・大内氏館の周辺の道路が当然ふくまれていたはずである。もともとの法令には、「掃除」だけでなく、「普請《ふしん》」（整備・修理）ということばも書かれていることから、道路の修繕も行われたのであろう。

次に、関東の戦国大名北条氏《ほうじよう》の城下町である相模《さがみ》国小田原《おだわら》（現在の神奈川県小田原市）の例をみてみよう。北条氏政《うじまさ》の代、元亀三年（一五七二）に、松原《まつばら》神社の運営を取りしきる玉瀧坊《ぎよくりゆうぼう》と西光院《さいこういん》という二つの寺院に対して、以下のような命令が出されている（『西光院文書』）。

松原神社の境内の掃除について定める。先例のとおり、欄干橋から船方村までの宿の住人から、一〇〇人を出して掃除と整備をするように。毎月、城郭の掃除の日に、行うこと。掃除の前日に、西光院と玉瀧坊は登城して、掃除の命令を受けることとする。このように決めたうえは、もし掃除がされなかった場合は西光院と玉瀧坊の罪とする。また、日ごろの掃除についても、両者が責任をもって行うように。

松原神社は、都市小田原の原形となった東海道沿いの宿のなかにあって、城下町中心部の鎮守ともいうべき神社であった。この命令でいう松原神社の境内というものが、どの範囲なのかはわからない。ただ、一般に中世の境内は、門前や周囲がふくまれており、現在でいう境内よりもはるかに広い範囲をさしていた。また、欄干橋《らんかんばし》という宿の西端の町や、宿の南側に位置する船方村《ふなかた》からも一〇〇人という大人数を動員していることからも、単に神社だけでなく、東海道沿いの宿全体の掃除であったと思われる。宿の中心部が「宮前町《みやまえちょう》」と呼ばれていたことからも、神社の前を通る東海道と町が、神社境内にふくまれていたことは間違いない。

このように北条氏は、月に一度、松原神社と門前の町の大掃除を命じ、それは結局、東海道というメインストリートの道路掃除が中心となっていた。北条氏が道路掃除に強くこだわっていたことは、一〇〇人もの大動員を命じている点、わざわざ城郭の掃除の日と一緒にして城と一体のものという意識を人々に与えようとした点、掃除前日に責任者を呼びだしている点などから、はっきりとわかる。

さらに北条氏政は、右の命令と同時に、もっとこまごまとした命令も出している（『西光院文書』）。こちらは、松原神社運営責任者の玉瀧坊・西光院と、見張り役に任命された北条家臣の岡本政秀《おかもとまさひで》に宛てて出されている。内容は、以下のとおり。

境内掃除の見張り役を任命する。作業の詳細は西光院と玉瀧坊が取りしきるように。夕暮れの鐘が鳴るまで、一〇〇人全員が怠けることがないようにせよ。もし、しっかり働かずわがままをいうような者がいれば、名前を記して、晩に城へ届け出よ。神社の四方の土塁の草は、根こそぎ刈り取れ。池の藻はすべて取って、土塁が崩れているところは築きなおせ。境内はいうまでもなく、周辺にいたるまで、ちり一つもないように、よくよく気を配ってことごとく掃除するように。

関東の大大名北条氏が出したにしては、やけに綿密な、というよりはチマチマとした命令であるが、それだけ城下の清掃には神経質なくらい気を遣っていたということであろう。逆に、命令された宿の住人にとっては、「草は根こそぎ刈れ」とまでいわれれば、「いちいちうるさいなあ」、現代風にいえば「うざっ！」という感じではなかったか。いくら自分たちの信仰する松原神社のためとはいえ、監視役つきの大掃除にいそいそと参加したとはとても思えない。

その後、天正十年（一五八二）に、氏政の次の当主である北条氏直《うじなお》は、松原神社門前の宮前町に住む有力商人加藤氏に対して、宿の掃除を命じている（『三嶋神社所蔵文書』）。日常的な掃除に関しては、町の有力者が指揮して、町内の住人を動員して行うようになったのである。

住民の義務だから

もう一つ、戦国大名の事例をみてみよう。元和三年（一六一七）に周防《すおう》国岩国（現在の山口県岩国市）の城主吉川広家《きっかわひろいえ》によって制定された『吉川氏法度《はっと》』は、江戸時代はじめの成立ではあるが、以前の法令をまとめなおしたもので、内容は戦国時代に出されたものをもとにしているとみられている。『吉川氏法度』は、全体がいくつかの部分に分かれており、そのなかの一つに「町中掟」という十四ヵ条のまとまった法令がある。

この「町中掟」は、城下町に住む住人に対して出された規則である。江戸時代はじめの岩国を対象にして出されたものであるが、戦国時代に吉川広家が本拠としていた出雲《いずも》国富田《とだ》城（現在の島根県安来市）の城下町でも、すでに同じ内容の法令が出されていた可能性がある。「**酒の売買は、酒一升が米二升に相当するものと換算して行うように**」とか、「**火の用心の番を町内の者で勤めるように**」とか、具体的で細かい法令が並んでいる。そして、「**自分の家の前をきちんと掃除するように**」という条文がふくまれているのである。ここでも、それぞれの家の前、つまり町中の道を掃除することが、住人に義務づけられている。

また、『吉川氏法度』のなかには、「番之事」という、城の見張り番についての十四ヵ条のまとまった法令もある。その一つに、「**毎日、当番の者は、家来にほうきを持たせて、門の外まで掃除させること**」という条文がある。当番にあたった武士に、城の門の中だけでなく、外までを自分の家来にほうきで掃除させるように、と命じている。ふつう城の門前には家はないので、門前の道を近くの住人に掃除させるということができない。そこで、見張り番の武士の責任で、門前の道をきれいにさせようというわけである。この法令も、江戸時代の岩国が対象であるが、同じことが戦国時代の富田でも行われていたと考えられる。

聖なる空間

病気が発生する場所

中世の都市の支配者が、道路をきれいにしようとしたのには、三つの理由があった。第一の理由としては、「都市内を清潔にして、病気の発生・流行を防ぐ」という、衛生面からの大きな理由があげられる。古代の平安京に関して、弘仁十年（八一九）に朝廷が道路掃除を命じた法令が、実は弘仁六年（八一五）の、邸宅の外に糞尿を出すことを禁じた法令を発展させたものであることからも、そのことがいえる。中世の京都でも、道路や道路側溝にゴミや糞尿、死骸が捨てられ、大雨や洪水などで町中にあふれ出ては、伝染病流行の原因になっていたのである。

こうした不潔な道路の状況は、ヨーロッパの中世都市でも同様で、一五六七年、ツィッタウ（ドイツ）の都市条例では、「**朝の鐘と晩の鐘のあいだだけは、道に便器の中身をぶちまけて通行人に迷惑**

をかけてはいけない」とされている有り様であった。そして、流行病への恐怖から、あちこちの都市でゴミや糞尿を道路に捨てることを禁止する法令が出されていた。ディジョン（フランス）などの都市では、毎週土曜日に道路掃除をすることが命じられていた。

日本でもヨーロッパでも、中世における病気の流行は、都市の存亡にかかわる大問題であったから、都市の支配者たちが不潔な道路をきらって、住人たちに道路掃除をさせようとしたのは当然である。

鶴岡八幡宮の掃除

中世日本で、都市の支配者が道路をきれいにしようとした第二・第三の理由は、具体的で現実的な第一の理由とはかなりちがって、観念的・理念的なものである。この第二・第三の理由は、日本の中世に特徴的なものかもしれない。

まず、第二の理由としてあげたいのは、「穢《けが》れを取り除いて清浄にしておくことによって、ほかとはちがう『聖なる空間』として道路を尊重するため」というものである。

豊後大友《ぶんごおおとも》氏の法令集のなかに、「**晴れの大路に産屋《うぶや》を建てることを禁止する**」という法令があったことをおぼえているだろうか。この法令は、中世の道路が当時の支配者層にとって「聖なる空間」と認識されていたことを非常によく示している。大路は晴れがましい、よそゆきの空間であり、出産の穢れにかかわる産屋を建てるようなことは、断じて認められない！というわけなのである。

ところで、道路にもまして、中世の社会で「聖なる空間」として特別に重視されたのは、神社・寺院の境内であった。そのため、神社・寺院の境内を掃除してきれいにするための規定が、あちこちで定められていた。

鶴岡八幡宮は、もともと鎌倉幕府が人事を管理する公営の神社のような存在であったが、鎌倉時代には幕府からたびたび八幡宮宛てに命令が出されている。正和二年（一三一三）に幕府から出された命令文書の写しが、『鶴岡八幡宮文書』という史料のなかに残されている。それによると、境内を囲む柵の内側に牛や馬を入らせることや、柵のすぐ外側にある三方の堀を汚すことなど、七ヵ条の項目が禁止されている。この文書には、「建長・文永・嘉元の御教書」にしたがって命令する、とあるから、以前にも三度、同じ内容の命令が出されていたことがわかる。同じ七ヵ条の禁止令は、このあと元徳二年（一三三〇）にも出されている（『鶴岡八幡宮文書』）。

正和三年（一三一四）に出された鎌倉幕府の命令文書では、鶴岡八幡宮の所領である相模国長尾郷（現在の神奈川県横浜市戸塚区）について、八幡宮の宿直や掃除のために百姓を動員するのは、地頭（武士）の支配地区に限定するように、としている（『鶴岡八幡宮文書』）。八幡宮の境内や門前の掃除は、近隣の所領から、武士が一般住人を連れてきて、務めさせていたのである。

さらに、鎌倉幕府が滅亡して、鎌倉に室町幕府の出先機関である鎌倉府がおかれるようになっても、状況は変わらなかった。貞治元年（一三六二）に、鎌倉府のトップである鎌倉公方の足利基氏《あしかがもとうじ》が八幡宮に出した命令文書がある（『荘厳院文書』）。これは九ヵ条の禁止条例であるが、鎌倉幕府の七ヵ条とまったく同じ内容に二ヵ条をつけたしたもので、柵の内側に牛馬を入れるなという条文と、堀をきれいにしておけという条文は鎌倉時代と変わっていない。

そして、同じ九ヵ条の命令は、至徳三年（一三八六）と永享四年（一四三二）にも鎌倉公方から出されている（『鶴岡八幡宮文書』）。このように、都市鎌倉を支配する武士が、鶴岡八幡宮の境内を清浄にたもとうとしていたことがよくわかる。

穢れを清める人々

中世には、神社・寺院の境内や門前、天皇の住む京都などでは、「清浄な空間」をたもつということがとくに神経質に意識されていた。そのような場では、人や動物の死体などの穢れを取り片付けるのは、特定の人々の仕事とされていた。そのような穢れに触れることを、神社・寺院の関係者や貴族たちは極度にきらったからである。

京都では、検非違使《けびいし》や室町幕府の侍所《さむらいどころ》などが、穢れの除去を担当する役人であり、その下で実際に死体の取り片付けなどの仕事をしたのが、「河原者《かわらもの》」・「坂者《さかのもの》」・「犬神人《いぬじにん》」・「清目《きよめ》」・「非人《ひにん》」などさまざまな名称で呼ばれた人々である。彼らはもともと不治の病などのために差別を受けて穢れた存在とされていた人々で、穢れに触れることを恐れる必要がないという理由で、死体などを片付ける「清め」という作業を職業として請け負わされていたのだ。奈良やその他の各地の大寺社でもほぼ同様に、差別された人々が清めの仕事を行っていた。これらの人々は、一生穢れから解放されない身分とされていた点で、差別の根は深く、重い。

いっぽうで、武士がつくった都市では、差別された人々に死体の取り片付けをふくめて、掃除の仕事をさせたという例は非常に少ない。むしろ、住民や寺院・神社の関係者に命じて、町なかや門前・境内を掃除させているのが一般的であるが、そうした「掃除」には死体の片付けなどもふくまれたのであろう。そもそも武士とは戦争を職業とする人々であって、死体に接することも多く、穢れを遠ざけようとする感覚が貴族とくらべて薄かったのかもしれない。

それでも、室町時代の応永二年（一三九五）には、鎌倉の鶴岡八幡宮に「犬神人」がいて、境内の清めを仕事としていたことがわかっている（『鶴岡事書日記』）。また、すでに鎌倉時代の鎌倉には「非人」と呼ばれる人々がおり、武士の都市にも差別を受けた人々がいたことは確実である。

支配者たちが「聖なる空間」を目指した都市の片隅には、差別を受けた人々がおり、ときには彼らの力を借りることで逆に「清浄さ」が保たれていたということなのだ。なんと皮肉なことであろうか。

窪八幡の掃除マップ

甲斐《かい》国の窪《くぼ》八幡神社（現在の山梨県山梨市）は、古くから笛吹川沿いに位置する神社で、戦国大名武田《たけだ》氏の信仰も厚かった。この神社には、天文二十二年（一五五三）に作成された古絵図が残されている（『山梨市史』参照）。窪八幡神社は、中世の多くの神社がそうであったように、寺院としての性格も持っており、僧侶と神職によって運営されていた。絵図に書かれた文章によると、天文三年（一五三四）以降、僧侶と神職が協力して境内の掃除をしてきたが、いつのまにか行われなくなってしまったので、掃除の範囲を区切って分担者を決め、絵図に示したということである。絵図をみると、境内とその周辺および参道が六十のエリアに区切られ、それぞれに担当の僧侶・神職・出入りの職人・近隣の百姓などが記されている。

窪八幡神社の場合は、都市の支配者ではなく、神社がみずから掃除の実行体制を決めているのであるが、狭い意味での境内だけでなく神社の前から町中へ続く参道までもが、清浄にたもつべき空間として指定されていることが重要である。

「神社の周辺だから」という名目で

東照宮《とうしょうぐう》で有名な世界遺産日光《にっこう》（栃木県日光市）は、中世には「日光山」と呼ばれ、多くの寺院や神社が存在する下野国の大寺社であった。戦国時代には、境内と門前の町が一体となった宗教都市となっていたのである。中世の日光山では、境内の道路の清掃は僧侶が分担し、門前の町である鉢石《はついし》から下の道は左右の田畑の作人に命じたという（『日光山往古年中行事帳』）。日光は武士の支配する都市ではなかったが、支配者である日光山によって道路掃除が義務づけられていたのであった。

戦国大名大内氏の『大内氏掟書』にも、大内氏の館に近く、都市山口の鎮守的な神社であった「今八幡社」の掃除についての法令がみられる。それは、文明十年（一四七八）に出された今八幡社に関する五ヵ条の法令のうちの一つで、「**神社周辺の掃除は、宮司や神社所属の者がするように**」とされている。大内氏がわざわざ掃除の実施を法令にして徹底させているのであり、神社周辺を清浄にたもつことを、都市の支配者が非常に気にしていたことがわかる。

都市内の道路も、このような神社・寺院の境内に準じた空間として、清浄にたもつように命じられていたのである。都市の主要な道路が、しばしば神社の参詣のための道でもあったことから、境内の延長線上の空間としてとらえられていた場合も多い。鎌倉の中心道路若宮大路が、本来は鶴岡八幡宮の参詣道路であったことは、その代表例である。

戦国大名大内氏が出した山口の道路掃除についての法令が、「**築山社の門前から、松原および小門にかけての掃除は、毎月の月末日に行うように**」というものであったことは、実に象徴的である。実際には、大内氏の館の周囲の都市山口中心部が、掃除の対象エリアなのだが、わざわざ館のなかにあった築山社という神社の門前だからという理由を持ち出して、都市中心部の掃除をさせようとしているのだ。

小田原の北条氏も同じで、松原神社の境内の掃除、という名目で住人を動員しているが、実態は東海道と街道沿いの町の大掃除だった。つまり、「神社の周辺だから清浄にたもたなければ」という論理は、中世の人々にとっては大変説得力のあるものだったのである。都市の支配者は、その心理をうまく利用して、たくみに都市の道路掃除を住人に義務づけていった、ということもできる。

巨大な道路は権力の象徴

みた目重視

都市の支配者が、道路をきれいにしようとした第三の理由は、「清潔で広く整然とした道路を実現することで、支配者の権力の大きさを示そうとしたため」ということである。ちょっと格好つけたい言い方をすれば、都市の「荘厳《しょうごん》」をしようとした、ということになる。「荘厳」とは、もともと仏教のことばで、寺院や仏像を美しくおごそかに飾りつけることをいう。それと同じように、武士は、道路を美しくたもつことによって、都市をおごそかにみせようとしたのである。

ここで突然であるが、著者の個人的な思い出に少々おつきあいいただきたい。小学生のころ、夏休みになると地区ごとのラジオ体操というものが催《もよお》された。毎朝眠い目をこすりながら小学生が集まって、ラジオ放送に合わせて体操をする、というもので、正直あまり楽しいものではなかった。著者の地元では、夏休みにはそれに加えて、毎週一回「道路清掃」というものがあり、これもなぜか小学生のお役目であった。

ラジオ体操のあと、いくつかの班に分かれて、自分たちの家の近くの決められた道を、みなで掃除するというもので、実につまらないものであった。道に落ちているゴミを掃いて集めるのであるが、小学生のことであるから、そのゴミの処分まではまともに考えない。道路脇の側溝のふた（いわゆるドブ板）のすき間から、側溝にザッと流し込んでおしまいである。とりあえず、目にみえるところからゴミが消えればそれでよし、という感覚、だれかにやらされてしぶしぶするという感覚。なんだか、中世都市の道路掃除に似ているような気がする。

実は、中世都市を支配した武士たちが目指したのも、極端にいえば「とりあえずみた目にきれいな道」であり、中世都市の道路掃除は、ひと昔前の小学生の道路清掃と大差ないのではないかと思う。たとえるならば、都市の道路は都市の「ショーウィンドウ」であり、中心部の街路が清潔で広く整然としたもの、立派なものであれば、みる人は感嘆し、支配者を畏敬することになる、というわけである。鎌倉の町屋が都市中心部の道路沿いから排除されたことも、このことに関連している。活気はあるけれども雑然とした庶民の生活を、表通りから都市の裏側（いわば楽屋）に隠すことによって、道路という都市の表舞台は整然としたものに人々の目には映るのだ。武士は、みずからの力で秩序が保たれていること、人々を統制する公権力として機能していることを、都市のなかの設備を通して表現したかったのだ。

なぜ小京都は生まれたか

武士が道路にこだわったのは、この「権力の象徴として人にみせるため」という理由がもっとも大きいのではなかろうか。平城京《へいじょうきょう》（奈良）や平安京《へいあんきょう》（京都）とちがって、中世に各地にできた武士の都市は、みな中小規模の都市で、格子《こうし》状の大路を備えるような整然とした都市計画はほとんどみられない。もともと職業的戦士である武士は、文化の面では後発勢力であり、公家文化の吸収が必須であった。戦国時代の城下町のなかに、京都を模倣しようとした「小京都」が生まれてきたことは象徴的である。周防《すおう》の山口や越前一乗谷《えちぜんいちじょうだに》、土佐中村《とさなかむら》などがその代表例とされている。

しかし、大きな権力を持つようになった戦国大名の城下町、「小京都」と呼ばれるような都市においてさえも、京都のように美しく揃った町並みはなく、都市としては未成熟なものであった。また、中世の武士の都市には、江戸時代の城下町のように、中心にそびえる巨大な天守閣もなかった。

結局、中世の武士の都市で、人々の目に触れるのは、せいぜい、都市の中心部を通る大小の道路くらいであった。そこで、中世の武士は、都市を代表する演出装置として、道路を広くきれいに、立派にみせようとしたのである。神社・寺院に準じる「聖なる空間」という理屈で道路の清浄さをたもとうとした点も、聖なる空間である寺院をおごそかに飾りつける「荘厳」との共通点がみられる。

戦国時代の小田原北条氏が、「ちり一つない道路」にこだわったことを、「いじましい」とか「せせこましい」とか、そんなふうに思ってはいけない。道路の清潔さは、権力の大きさをみせることに直結していたのだ。北条氏の熱意の反映であろうか、北条氏康《うじやす》の代にあたる天文二十年（一五五一）に小田原を訪れた京都南禅寺《なんぜんじ》の東嶺智旺《とうれいちおう》という僧侶は、「町の小路はどこまでも続き、ちり一つない」、「城主の館は木々に包まれて、巨大で壮麗な建物が高々とそびえている」などと賞賛している（『明《めい》叔録《しゅくろく》』）。清潔で整備の行き届いた道路は、都市の支配者の統治が行き届いていることを示すもの、つまり支配者の権力を象徴するものと、受けとめられたのである。

世界の都市計画

実は、権力を象徴するものとして「都市の荘厳」に力をそそいだのは、日本中世の武士だけではなかった。そもそも都市は、「権力が拠点をおいて、必要となる施設を設置した場」、という性格を持っている。そして権力（支配者）は、みずからの拠点となる都市を、統治と秩序を象徴するような場につくりあげ、精神面からも人々を服属させようとしたのだ。都市の象徴とされたものは、巨大な建物であったり、像であったり、墓であったりしたが、それが道路であったことも多い。

近代初頭のヨーロッパでは、「バロック都市計画」と呼ばれる大規模な都市改造計画を実行することが流行した。このバロック都市計画では、君主の強力な権力を象徴するために、広く直線的な大通りが縦横に設けられた。

十九世紀、ナポレオン三世のもとでセーヌ県知事オースマンによって行われたパリの大改造は、その代表例である。その結果、「ブールヴァール」と呼ばれる並木をともなう大通りが、いくつも新たに建設されたのである。同じころ、ウィーンでも、旧市街をぐるりと取り囲んでいた城壁を撤去して、その場所に「リンク・シュトラーセ」（環状道路）という大通りが建設されている。

明治時代の東京も、例外ではなかった。明治新政府は、城下町江戸を新しい権力にふさわしい首都東京に改造しようとして、広い直線道路を軸とするバロック都市計画を立案させた。結局は挫折に終わり、わずかに日比谷《ひびや》の官庁街のみが実現したのであるが。

バロック都市計画によってつくられた大通りは、時として軍隊のパレードによってむきだしの権力をみせつける場にも利用された。

鎌倉時代の鎌倉で、皇族将軍宗尊《むねたか》親王が京都から到着したときや、歴代将軍が伊豆《いず》・箱根《はこね》にでかけるときに通行したのが、中心的な道路である若宮大路であった。都市鎌倉の大通りをゆく将軍一行の行列もまた、一種の軍事パレードであった。

現代でも、北朝鮮や中国などの首都の中心を通る、不必要に巨大な道路は、国力を誇示するための軍事パレードの舞台となっている。「権力の象徴」としての道路は、時代と地域を超えて、思わぬ広がりをみせているのだ。もちろん、現代都市の巨大道路は、交通体系の整備の一環であることは確かであるが、モニュメント的な側面がないとはいいきれない。

なぜ権力者は巨大建物をつくりたがるのか

日本でも、すこし前までは、各地の都市で不必要なほどにぜいたくな施設の建設が流行し、「ハコモノ行政」と批判された。こうしたハコモノは、目にみえるかたちで残るため、都市のトップが自分の行政手腕（権力）の象徴としてつくりたがった、ということが背景の一つになっていた。ある意味では、日本の中世都市における道路は、ハコモノだったともいえる。

話があちらこちらに飛んでしまったが、都市の支配者にとって、道路を整備するということは、生活を便利なものにするという現実的な意味だけでなく、権力の正当性を誇示するという重要な意義を持っていたのである。

中世になって、新たに各地の都市の支配者となった武士たちは、整然として平和な都市の実現を目指して、さまざまな「都市の掟」をつくった。それらの掟に、住人たちが粛々《しゆくしゆく》としたがったかどうかはわからない。同じような掟が何度も出されていることからみて、なかなか徹底されなかったのが実情ではなかろうか。

それはともかくとして、武士がつくった「都市の掟」には、都市の支配者である武士が自分たちの都市においてなにを目指したかが表現されている。つまり、武士のこだわり、ということである。なかでも、都市のショーウィンドウである道路には、とことんこだわった。清潔でちり一つない道路、群集がたまっていることなく整然と人が通行している道路。そのような道路の実現を通じて、都市を舞台に自分たちの権力をみせつけようとしたのである。このことを本書では、寺院において美しい飾りつけによっておごそかさを演出する「荘厳」という行為からヒントを得て、「武士は、広く美しい道路によって、都市を荘厳しようとした」と表現してみたのである。そして、道路掃除に関する掟こそが、「都市の荘厳」につながる決め手、「都市の掟」の中核だったのである。

参考文献

秋山哲雄『都市鎌倉の中世史　吾妻鏡の舞台と主役たち』（吉川弘文館、二〇一〇年）
網野善彦『網野善彦著作集第五巻　蒙古襲来』（岩波書店、二〇〇八年）
網野善彦・石井進・笠松宏至・勝俣鎮夫『中世の罪と罰』（東京大学出版会、一九八三年）
網野善彦・石井進・平野和男・峰岸純夫編『中世都市と一の谷中世墳墓群』（名著出版、一九九七年）
アルフレッド・フィエロ（鹿島茂監訳）『パリ歴史事典　普及版』（白水社、二〇一一年）
石井進『石井進著作集第九巻　中世都市を語る』（岩波書店、二〇〇五年）
石井進・石母田正・笠松宏至・勝俣鎮夫・佐藤進一校注『日本思想大系21　中世政治社会思想　上』（岩波書店、一九七二年）
石井進・大三輪龍彦編『よみがえる中世3　武士の都鎌倉』（平凡社、一九八九年）
市村高男『戦国期東国の都市と権力』（思文閣出版、一九九四年）
伊藤毅『日本史リブレット　町屋と町並み』（山川出版社、二〇〇七年）
岩崎俊彦『大内氏壁書を読む―掟書による中世社会の探求―』（大内文化探訪会、一九九七年）
江田郁夫『下野の中世を旅する』（随想舎、二〇〇九年）
江田郁夫『中世東国の街道と武士団』（岩田書院、二〇一〇年）
大分県総務部総務課編『大分県史　中世篇Ⅰ』（大分県、一九八二年）

大分市史編さん委員会編『大分市史　中』(大分市、一九八七年)
大三輪龍彦編『中世鎌倉の発掘』(有隣堂、一九八三年)
小川信『中世都市「府中」の展開』(思文閣出版、二〇〇一年)
小田原市編『小田原市史　通史編　原始・古代・中世』(小田原市、一九九八年)
小田原市郷土文化館編『都市おだわらの創生』(小田原市郷土文化館、二〇一一年)
鹿毛敏夫編『戦国大名大友氏と豊後府内』(高志書院、二〇〇八年)
笠松宏至『法と言葉の中世史』(平凡社ライブラリー、一九九三年)
笠松宏至『中世人との対話』(東京大学出版会、一九九七年)
鎌倉市史編纂委員会編『鎌倉市史　総説編』(吉川弘文館、一九五九年)
鎌倉市史編纂委員会編『鎌倉市史　史料編第一』(吉川弘文館、一九五八年)
河野眞知郎『中世都市鎌倉』(講談社選書メチエ、一九九五年)
河原温『世界史リブレット　中世ヨーロッパの都市世界』(山川出版社、一九九六年)
河原温『ヨーロッパの中世2　都市の創造力』(岩波書店、二〇〇九年)
北村優季『平安京—その歴史と構造—』(吉川弘文館、一九九五年)
五味文彦『大系日本の歴史5　鎌倉と京』(小学館、一九八八年)
五味文彦『増補　吾妻鏡の方法—事実と神話にみる中世』(吉川弘文館、二〇〇〇年)
五味文彦・小野正敏編『中世都市研究14　開発と災害』(新人物往来社、二〇〇八年)
五味文彦・齋木秀雄編『中世都市鎌倉と死の世界』(高志書院、二〇〇二年)

佐々木銀弥『日本中世の都市と法』（吉川弘文館、一九九四年）
佐藤信・吉田伸之編『新体系日本史6　都市社会史』（山川出版社、二〇〇一年）
佐藤進一・網野善彦・笠松宏至『日本中世史を見直す』（平凡社ライブラリー、一九九九年）
佐藤進一・池内義資編『中世法制史料集　第一巻　鎌倉幕府法』（岩波書店、一九五五年）
佐藤進一・池内義資・百瀬今朝雄編『中世法制史料集　第三巻　武家家法Ⅰ』（岩波書店、一九六五年）
笹本正治『辻の世界―歴史民俗学的考察』（名著出版、二〇〇三年）
ジャン・ピエール・ルゲ（井上泰男訳）『中世の道』（白水社、一九九一年）
鈴木弘太「中世鎌倉における『浜地』と『町屋』―土地利用法から探る都市の変容―」（『考古論叢　神奈河』第十五集、神奈川県考古学会、二〇〇七年）
高田陽介「境内墓地の経営と触穢思想―中世末期の京都に見る―」（『日本歴史』四五六号、吉川弘文館、一九八六年）
高橋修「中世前期の都市・町場と在地領主」（中世都市研究会編『中世都市研究15　都市を区切る』山川出版社、二〇一〇年）
高橋慎一朗『中世の都市と武士』（吉川弘文館、一九九六年）
高橋慎一朗『日本史リブレット　武家の古都、鎌倉』（山川出版社、二〇〇五年）
高橋慎一朗『中世都市の力―京・鎌倉と寺社―』（高志書院、二〇一〇年）
高橋慎一朗・千葉敏之編『中世の都市―史料の魅力、日本とヨーロッパ』（東京大学出版会、二〇〇九年）
高橋昌明「よごれの中の京都」（高橋昌明編『朝日百科　歴史を読みなおす　洛中洛外―京は〝花の都〟か』

朝日新聞社、一九九四年）
田代郁夫「中世石窟『やぐら』の盛期と質的転換」（『考古論叢　神奈河』七集、神奈川県考古学会、一九九八年）
栃木県史編さん委員会編『栃木県史　通史編3　中世』（栃木県、一九八四年）
中澤克昭「狩猟と原野」（湯本貴和編『野と原の環境史』文一総合出版、二〇一一年）
丹生谷哲一『増補　検非違使―中世のけがれと権力』（平凡社ライブラリー、二〇〇八年）
新田一郎『相撲の歴史』（山川出版社、一九九四年）
野口徹『中世京都の町屋』（東京大学出版会、一九八八年）
ハインリヒ・プレティヒャ（関楠生訳）『中世への旅　都市と庶民』（白水社、二〇〇二年）
日端康雄『都市計画の世界史』（講談社、二〇〇八年）
フィリップ・アリエス（伊藤晃・成瀬駒男訳）『死と歴史―西欧中世から現代へ―』（みすず書房、一九八三年）
藤田弘夫『都市の論理―権力はなぜ都市を必要とするか―』（中央公論社、一九九三年）
藤森照信『明治の東京計画』（岩波現代文庫、二〇〇四年）
保立道久「酒と徳政―中世の禁欲主義―」（『月刊百科』三〇〇号、一九八七年）
保立道久「町の中世的展開と支配」（高橋康夫・吉田伸之編『日本都市史入門Ⅱ　町』東京大学出版会、一九九〇年）
松山宏『記録　都市生活史2　武者の府　鎌倉』（柳原書店、一九七六年）

馬淵和雄『鎌倉大仏の中世史』（新人物往来社、一九九八年）
三枝暁子「中世後期の身分制論」（中世後期研究会編『室町・戦国期研究を読みなおす』思文閣出版、二〇〇七年）
山梨市役所編『山梨市史　史料編　考古・古代・中世』（山梨市、二〇〇五年）
山村亜希『中世都市の空間構造』（吉川弘文館、二〇〇九年）
湯浅治久「『御家人経済』の展開と地域経済圏の成立―千葉氏を事例として―」（五味文彦編『中世都市研究11　交流・物流・越境』新人物往来社、二〇〇五年）
山本隆志「鎌倉時代の宿と馬市・馬喰」（『年報日本史叢　一九九九年』、一九九九年）
吉田伸之・伊藤毅編『伝統都市1　イデア』（東京大学出版会、二〇一〇年）
吉田伸之・伊藤毅編『伝統都市2　権力とヘゲモニー』（東京大学出版会、二〇一〇年）
渡辺澄夫『増訂　豊後大友氏の研究』（第一法規出版、一九八二年）

（学術雑誌等に掲載された論文は必要最小限にとどめ、入手・閲覧しやすい単行本を中心とした）

あとがき

都市の掟をみていくなかで、中小の都市を拠点に必死に見栄《みえ》を張ろうとしていた支配者（武士）の姿や、月に一度の町の大掃除にかりだされていた住人たちの姿も浮かび上がってきた。都市史研究は、都市の構造やプランばかり議論して、人間の姿がみえない、という批判を耳にすることがあるが、決してそんなことはない。目を凝らしてみれば、都市の構造や支配のしくみなどの背後に、人々の生活がみえてくるのだ。「都市の掟」を通じた中世都市の分析によって、そのことを証明できたのは大きな喜びである。

それから、ささやかな喜びとして、本書では北条氏の城下町小田原をとりあげることができたということがある。小田原は私の故郷であり、今も母が暮らしている実家は、城下町の一角の、かつて「七枚橋」と呼ばれた地区にある。家は松原神社の氏子であり、松原神社に関係する『西光院文書』を所蔵している蓮上院は、通った小学校のすぐ隣りであった。私は今まで、中世都市の研究をしながらも、小田原を研究対象にすることは、妙な郷土自慢になるのではないかという恐れもあって、なんとなく避けてきた。本書では、変に気構えることもなく、素直に小田原に言及することができた。私も、ようやく大人になったということだろう（あ、ちがいますか?·）。

最後になるが、今回の本づくりの機会を与えてくださったうえに、巧みに完成まで導いてくださった、新人物往来社の聴涛真悠子氏に感謝したい。そして、中世都市研究の未来に、乾杯！

二〇一一年十二月吉日

高橋慎一朗

補　論

二〇一二年の原著刊行後、本文の論旨には大きな変更を加える必要は生じていないと認識しているが、関連する研究の進展や著者の不注意による見落としなどを踏まえると、細部に関しては補足すべき点もいくつか見られるため、気づいた限りではあるが以下に記しておきたい。断片的なトピックの列挙になるが、参照いただければ幸いである。

一　鎌倉における武士の夜警

第一章の「自警団結成」（二三頁）では、鎌倉の武士たちについて、「自分の宿舎の警備を家来たちに命じるくらいが精一杯」で「自宅周辺の町内の夜間警備まではとても手がまわらなかったであろう」とした。これに関して、武士が自宅の夜間警備に家来を動員していたことを裏付ける興味深い史料が見つかり、松吉大樹氏によって分析が進められているので紹介しておきたい（松吉大樹「鎌倉市今小路西遺跡出土の結番交名木札について」『都市史研究』一号、二〇一四年）。

その史料とは、鎌倉駅西口に近い「今小路西遺跡・御成町一七一番地一外地点」の発掘調査により出土した横長の木札で、「文永二年（一二六五）五月日」の日付と九名の人名などが墨で書かれている。人名は一番・二番・三番に分かれて三名ずつ記され、いずれも有力な御家人安達氏の家来とみられるという。また、木札には「宿警護、夜行番」との記述があり、出土地点付近に安達氏の宿所（邸宅）があったと推定されていることから、全体として木札は安達氏の宿所周辺の夜警シフト表と考えられる。

つまり、鎌倉の武士は、とりあえず自宅周辺の夜警は家来に割り当てて、交代で勤めさせていたらしいことが確認できたのである。

二　町屋とは何か

第一章の「町屋は決まった場所に」（三三頁）において、中世鎌倉の「町屋」については、「住宅の一類型で、建物の正面が道路に接し、かつ複数の建築物が道路に沿って連続して建つもの」という建築史的な定義と、「寺社や武家屋敷とは区別される、商人や職人が活動した空間」という考古学的定義の二つの定義を提示した。その上で、同章「なぜ町屋はきらわれたのか」（三九頁）において、「二つの定義は、どちらも中世鎌倉の町屋の実態をいいあてていた」という結論を導きだした。中世の町屋については、その後にもう少し詳細に考察する機会があったので、その内容をかみくだいて述べることにする（高橋慎一朗「中世都市論」『岩波講座日本歴史　第七巻　中世二』岩波書店、二〇一四年）。

平安時代の辞書『伊呂波字類抄』や『倭名類聚抄』によれば、「マチヤ」は「店家」という漢字で表され、平安京の東市・西市において座って品物を売るための建物のことであった。すなわち、マチヤの本来の意味は、市場の仮設小屋のことであった。

ところが、時代がずっとくだった戦国時代の辞書『日葡辞書』では、マチヤは「町の家」とし、同辞書は「町」を「家々が続いて列をなしている市街・街路。これがこの語の本来の意味であるけれども、一般の人々の間では、大小の町や市の意味にも取られる」と説明する。

したがって、マチヤは、平安時代には「市の仮設小屋」という意味であったが、中世の間に「道に沿って立地し店の機能を兼ねた都市の庶民住宅」という意味に変化していたと考えられる。本書「町屋は決まった場所に」で取り上げた建長三年（一二五一）の鎌倉幕府の法は、「小町屋」と「売買の設」を決められた場所以外では禁止する、という内容であった。「小町屋」は「町屋」と同じで、小さい建物であるから「小」の語が付けられているのであろう。いっぽう「売買の設」は、鎌倉初期の京都六角町にあった魚商人の「売屋」と同じものであろう。この「売屋」は、近江の粟津橋本を本拠とする女商人が借り受けて、そこに座り込んで魚の販売をおこなった施設で、仮設の販売小屋と考えられる。右の幕府法が出された鎌倉後期には、すでにマチヤ（町屋・小町屋）は「道沿いの店」という意味に変化しており、かつてマチヤが意味していた「市の仮設小屋」が「売買の設」という言葉で表現されているのであろう。

三 「旅籠振舞」の示すもの

第一章の「僧侶までどんちゃん騒ぎ」（五七頁）では、「御家人が鎌倉に参上したときに、『旅籠振舞』と称して宴会を開き、おまけに引出物という名目で品物をねだるのは、無駄遣い・人々の迷惑であるから禁止する」という幕府の法令を取り上げた。本書では、派手な酒宴の禁止が法令の目的であると指摘したが、この「旅籠振舞」が示す他の側面について、秋山哲雄氏が明らかにしている（秋山哲雄『都市鎌倉の中世史—吾妻鏡の舞台と主役たち—』吉川弘文館、二〇一〇年）。氏によれば、御家人の住居で「旅籠振舞」が行われるということは、「普段は御家人が鎌倉にいないことを意味して」おり、「御家人にとっては鎌倉の住居は「旅籠」だったのであり、たまにしか来ないからこそ「旅籠の振舞」という大宴会が行われていた」という。すなわち、多くの御家人は鎌倉に宿所を置きながらも、常時鎌倉にいたわけではない、ということを「旅籠振舞」という慣習が示しているのである。

なお、細かいことを述べれば、本書でも述べたように、「旅籠振舞」とは、「旅籠振《はたごぶるい》」とも言い、もともとは旅を終えて旅籠（旅行用の籠）の中の余った食品を人々に振る舞うという意味で、無事帰着祝いの宴会のことである。旅館のことを「旅籠」と称する例は、主として江戸時代以降であるので、鎌倉の御家人たちが鎌倉の住居を「旅籠」と認識していたわけではないと思われる。『平治物語』に、藤原経宗が流罪先から京へ戻った際に旅籠振舞をしたとのエピソードがあり、旅先の旅館での宴会でなく、あくまでも本宅に帰ってきた際の宴会という認識であったことが裏付けられる。ただし、旅館を「旅籠屋」と称する事例は室町時代後期ごろには見えている。

四　『新御成敗状』の性格

第二章「御家人・戦国大名の掟」の第一節「豊後大友氏と『新御成敗状』」では、鎌倉時代の豊後国守護であった大友氏が出した都市法を取り上げた。とりわけ、冒頭の「京・鎌倉がお手本」（七〇頁）では、『新御成敗状』という法令集の全体の性格について、先行研究によりつつ、幕府法を参考にしながらも大友氏が独自に作った条文が含まれると紹介した。ただ、項タイトルにある「京」を手本としたという点については、都市法においては関連が見出せなかったため、具体的には触れていない。

原著刊行後に、『新御成敗状』の性格についてあらためて本格的な考察を加えたのが、長又高夫氏の研究である（長又高夫「鎌倉期豊後守護大友泰直の「新御成敗状」についての基礎的考察」『國學院法學』

六〇巻四号、二〇二三年）。氏は、豊後府中に関する法令については鎌倉の法を手本としつつ、豊後府中の実態を調査した上で体裁を整えたとし、本書の主張と同様の結論に至っている。また、『新御成敗状』全体に関して「律令法や公家新制をふまえて立法されている条文も散見」されるという重要な指摘もあるが、詳細については氏の研究を参照されたい。

五　掃除と権力の関係

第三章「道路掃除の掟」は全体として幕府や戦国大名が都市の住民に対して出した道路掃除の掟を分析しており、中世の都市の支配者が道路をきれいにしようとした三つの理由を指摘した。その三つとは、①「都市内を清潔にして、病気の発生・流行を防ぐため」、②「穢《けが》れを取り除いて清浄にしておくことによって、ほかとはちがう『聖なる空間』として道路を尊重するため」、③「清潔で広く整然とした道路を実現することで、支配者の権力の大きさを示そうとしたため」であった。

このうちの②・③に関しては、すでに盛本昌広氏の先行研究（盛本昌広『中近世の山野河海と資源管理』岩田書院、二〇〇九年）によって重要な指摘がなされていたことを原著刊行時には見落としていた。筆者の不注意を盛本氏に深くお詫びするとともに、氏の指摘の内容を以下に紹介しておくことにする。

盛本氏によれば、道路に限らず、「神社・城・都市が戦国期の関東における掃除の対象」であり、「場が清められて綺麗であることは、領国の在り方や権力の状態を最もよく目に見える形で現したもの」であるという。また氏は、武蔵国川越宿において戦国大名北条氏の家臣大道寺氏によって出された掟により、「宿に掃除奉行が定められ、小路を洪水の際にもぬからないように修繕し、さらに毎日掃除を行うことなどが命じられている」という事例を紹介している。城や神社の掃除も権力にとっては、目に見える場として重視されたことは確かであるが、城や神社境内はある程度閉鎖された空間である。また、城の掃除は主に武士が行い、神社の掃除もかなりの部分は神社自身が請け負っていた。その点では、不特定多数の人々の視線にさらされ、武士や住民が日常的に使用する道路こそがやはり権力にとっては最も大事であり、幕府や戦国大名が掟を出して都市住民を掃除や整備に動員したのである。

また、権力にとっての道路整備の重要性を示すものとして、金子拓氏が紹介する織田信長の事例もあげることができる（金子拓『織田信長〈天下人〉の実像』講談社現代新書、二〇一四年）。上洛の前年の天正二年（一五七四）から翌年はじめにかけて信長は、尾張国内の道路や岐阜から京都に向かう道路の整備を、大量の人夫を動員して行った。尾張の道路に関しては、「道路脇に松や柳を植栽し、人びとによって水が撒かれるなどしてきれいに掃き清められた」という。金子氏は「これら道路の修築は、信長が天下人として岐阜・京都間の移動を迅速におこなうための基盤整備」であり、「こうした措置は、信長に天下静謐維持の自覚があったからこそ」であると述べるが、まさに「天下人」の往還にふさわしい道路として荘厳しようとの意図があったとみたい。

本書の原本は、二〇一二年に『武士の掟—「道」をめぐる鎌倉・戦国武士たちの
もうひとつの戦い—』として新人物往来社より刊行されました。

著者略歴
一九六四年　神奈川県に生まれる
一九九二年　東京大学大学院人文科学研究科博士課程中退
現在、東京大学史料編纂所教授

〔主要著書〕
『中世の都市と武士』（吉川弘文館、一九九六年）、『武家の古都、鎌倉』（山川出版社、二〇〇五年）、『中世都市の力』（高志書院、二〇一〇年）、『北条時頼』（吉川弘文館、二〇一三年）、『日本中世の権力と寺院』（吉川弘文館、二〇一六年）、『中世鎌倉のまちづくり』（吉川弘文館、二〇一九年）

読みなおす日本史

武士の掟
中世の都市と道

二〇二四年（令和六）六月二十日　第一刷発行

著　者　高《たか》橋《はし》慎《しん》一《いち》朗《ろう》
発行者　吉　川　道　郎
発行所　株式会社　吉川弘文館
郵便番号一一三―〇〇三三
東京都文京区本郷七丁目二番八号
電話〇三―三八一三―九一五一〈代表〉
振替口座〇〇一〇〇―五―二四四
https://www.yoshikawa-k.co.jp/
組版＝株式会社キャップス
印刷＝藤原印刷株式会社
製本＝ナショナル製本協同組合
装幀＝渡邉雄哉

ISBN978-4-642-07644-9

読みなおす日本史

刊行のことば

現代社会では、膨大な数の新刊図書が日々書店に並んでいます。昨今の電子書籍を含めますと、一人の読者が書名すら目にすることができないほどとなっています。ましてや、数年以前に刊行された本は書店の店頭に並ぶことも少なく、良書でありながらめぐり会うことのできない例は、日常的なことになっています。

人文書、とりわけ小社が専門とする歴史書におきましても、広く学界共通の財産として参照されるべきものとなっているにもかかわらず、その多くが現在では市場に出回らず入手、講読に時間と手間がかかるようになってしまっています。歴史の面白さを伝える図書を、読者の手元に届けることができないことは、歴史書出版の一翼を担う小社としても遺憾とするところです。

そこで、良書の発掘を通して、読者と図書をめぐる豊かな関係に寄与すべく、シリーズ「読みなおす日本史」を刊行いたします。本シリーズは、既刊の日本史関係書のなかから、研究の進展に今も寄与し続けているとともに、現在も広く読者に訴える力を有している良書を精選し順次定期的に刊行するものです。これらの知の文化遺産が、ゆるぎない視点からことの本質を説き続ける、確かな水先案内として迎えられることを切に願ってやみません。

二〇一二年四月

吉川弘文館

読みなおす日本史

境界争いと戦国諜報戦　盛本昌広著　二二〇〇円

邪馬台国をとらえなおす　大塚初重著　二二〇〇円

百人一首の歴史学　関　幸彦著　二二〇〇円

江戸城　将軍家の生活　村井益男著　二二〇〇円

沖縄からアジアが見える　比嘉政夫著　二二〇〇円

海の武士団　水軍と海賊のあいだ　黒嶋　敏著　二二〇〇円

呪いの都　平安京　呪詛・呪術・陰陽師　繁田信一著　二二〇〇円

平家物語を読む　古典文学の世界　永積安明著　二二〇〇円

坂本龍馬とその時代　佐々木　克著　二二〇〇円

不動明王　渡辺照宏著　二二〇〇円

女人政治の中世　北条政子と日野富子　田端泰子著　二二〇〇円

大村純忠　外山幹夫著　二二〇〇円

佐久間象山　源　了圓著　二二〇〇円

源頼朝と鎌倉幕府　上杉和彦著　二二〇〇円

近畿の古墳と古代史　白石太一郎著　二四〇〇円

東国の古墳と古代史　白石太一郎著　二四〇〇円

昭和の代議士　楠　精一郎著　二二〇〇円

春日局　知られざる実像　小和田哲男著　二二〇〇円

伊勢神宮　東アジアのアマテラス　千田　稔著　二二〇〇円

中世の裁判を読み解く　網野善彦・笠松宏至著　二五〇〇円

アイヌ民族と日本人　東アジアのなかの蝦夷地　菊池勇夫著　二四〇〇円

空海と密教　「情報」と「癒し」の扉をひらく　頼富本宏著　二二〇〇円

吉川弘文館
（価格は税別）

読みなおす日本史

石の考古学　奥田　尚著　二二〇〇円
江戸武士の日常生活　素顔・行動・精神　柴田　純著　二四〇〇円
秀吉の接待　毛利輝元上洛日記を読み解く　二木謙一著　二四〇〇円
中世動乱期に生きる　一揆・商人・侍・大名　永原慶二著　二二〇〇円
弥勒信仰　もう一つの浄土信仰　速水　侑著　二二〇〇円
親　鸞　煩悩具足のほとけ　笠原一男著　二二〇〇円
道と駅　木下　良著　二二〇〇円
道　元　坐禅ひとすじの沙門　今枝愛真著　二二〇〇円
江戸庶民の四季　西山松之助著　二二〇〇円
「国風文化」の時代　木村茂光著　二五〇〇円
徳川幕閣　武功派と官僚派の抗争　藤野　保著　二二〇〇円
鷹と将軍　徳川社会の贈答システム　岡崎寛徳著　二二〇〇円
江戸が東京になった日　明治二年の東京遷都　佐々木　克著　二二〇〇円
女帝・皇后と平城京の時代　千田　稔著　二二〇〇円
武士の掟　中世の都市と道　高橋慎一朗著　二〇〇〇円
元禄人間模様　変動の時代を生きる　竹内　誠著　（続　刊）

吉川弘文館
（価格は税別）